엘리야와 엘리사의 기적 이야기

영적 회복과 부흥의 선지자들

제자들선교회(DFC: Disciples For Christ)는
캠퍼스에서 제자 낳는 제자 사역을 토대로
민족복음화와 세계선교를 감당하는 초교파 선교단체입니다.

에스라서원은 DFC의 출판사입니다.

엘리야와 엘리사의 기적 이야기
영적 회복과 부흥의 선지자들

김상진 지음

2020년 9월 1일 초판 1쇄 발행

펴낸곳 ⓒ 에스라서원
주소 서울 구로구 디지털로 33길 55(구로동) E&C 2차 1301호
전화 02.730.2118
홈페이지 www.ezra.co.kr

표지디자인 김미정
내지디자인 최은영

ISBN 978-89-8198-703-9 (93230)
이 도서의 국립중앙도서관 출판예정도서목록(CIP)은 서지정보유통지원시스템 홈페이지(http://seoji.nl.go.kr)와 국가
자료종합목록 구축시스템(http://kolis-net.nl.go.kr)에서 이용하실 수 있습니다. (CIP제어번호 : CIP2020034814)

엘리야와 엘리사의 기적 이야기

영적 회복과 부흥의 선지자들

김 상 진
(Pastor Sang Jin Kim, Ph.D.)

에스라서원

추천의 글

　DFC 시작부터 미국에서 지금까지 한결같이 제자의 길을 걸으며 미국 DFC를 개척하시고 세워 오신 존경하는 선배님의 귀한 책을 출간하면서 부족한 제가 글을 올리게 되어 무한한 영광이라 생각한다.

　이 책은 모세-여호수아, 엘리야-엘리사, 예수님-제자로 연결되는 깊은 성경신학적 분석도 놀랍지만, 현 시대에 성도가 어떻게 살아야 하는지를 깨닫게 하는 메시지들이 가슴에 깊이 와 닿는다.

　지금 시대는 다원주의, 상대주의, 혼합주의 신앙이 만연되어 있다. 이러한 영적 기갈의 시대에 '엘리야와 엘리사 기적 이야기'는 성도들이 어떻게 살아야 하는지를 깊이 깨닫게 한다. 무엇보다 삶의 자리에서 유일하신 하나님께 돌아가 하나님과 주 예수그리스도의 능력을 신뢰할 수 있도록 이끌어 준다. 학적으로도, 신앙적으로도 성도들에게 큰 도움이 되는 귀한 책을 저희 DFC출판사인 에스라서원에서 출간하게 되어 얼마나 감사한지 모르겠다.

도기현
제자들선교회(DFC) 대표. 에스라서원 대표

이 책은 체계화된 바알 종교에 의하여 무너질 위기에 있었던 이스라엘의 야웨 신앙이 엘리야와 엘리사의 사역을 통하여 어떻게 회복되었는가를 보여준다. 특별히 엘리야와 엘리사가 행하였던 기적들을 다루고 있다. 왜 기적들이 필요했을까. 예수는 왜 그렇게 많은 기적을 행하였을까? 둘 사이에는 어떤 상관성이 있을까? 포스트모던 시대를 맞아 개인주의 상대주의 혼합주의가 횡횡하여 기독교 유일종교 불가 논란의 위기에 처한 기독교인들이 읽어야 할 유용한 책이다. 엘리야와 엘리사의 기적에 대한 김상진 박사의 통찰을 통하여 이 시대에 필요한 하나님의 이야기에 대한 대안을 얻을 수 있기 바란다.

최 명 덕 서울신학대학교 이사장, 건국대학교 명예교수, 조치원성결교회 담임목사

이 책은 저자의 성실한 성품을 여실히 반영해 석의와 강해와 묵상이 성실하게 어우러져 있다. 저자도 언급하듯, 성경의 권위를 논할 때에 절대적으로 이해해야 하는 모세-여호수아, 엘리야-엘리사, 그리스도-사도의 내러티브 중 엘리야-엘리사 기적 내러티브를 집중 소개함으로 그 중요성을 더하고 있다. 학적인 내용을 바탕으로 했지만 딱딱하지 않게 풀어 소개함으로 독자를 위한 접근성이 우수하다. 영적인 지식의 풍성함은 평신도가 성경에 대해 윤택한 이해를 갖게 해 주고, 목회자는 강해설교를 위해 복음주의의 측면에서 신뢰할 수 있는 소중한 자료를 접할 수 있게 해 준다. 이 책을 통해 하나님의 나라가 더욱 활성화 될 것임을 믿어마지 않는다.

정태우 리버티 대학 학장, 미드웨스턴신학대학원 학장 역임, 조직신학 교수
현 Horizon Global Network 대표이사

초기 선지자 가운데 엘리야와 엘리사 내러티브는 읽을 때마다 나에게 항상 긴장감과 박진감을 선사한다. 그만큼 두 선지자의 이야기는 우리를 놀라게 하는 자연적이고 치유적인 기적 사건으로 가득차 있을 뿐만 아니라, 서로가 매우 흥미로운 유사성을 보여주고 있다. 김상진 교수는 이 흥미로운 두 선지자의 내러티브를 문학비평론적, 성경신학적, 언약신학적으로 치밀하게 분석함으로 선지자 전통에서 이 두 기사가 지니는 의미를 당시의 시대 뿐만 아니라 신약 성경과 심지어는 현대를 관통하는 예언자적 조망으로 갈파하고 있다. 혼합주의에 빠져있는 현대 교회에 엘리야와 엘리사 내러티브는 더욱 중요하게 다가온다. 여호와의 현현과 유일신 사상, 언약의 재갱신을 통한 하나님의 백성으로서의 정체성 확인, 그리고 사역의 계승과 발

전의 주제로 도전을 줄 본서의 세계로 오늘 초대한다.

박성진 미드웨스턴 침례신학대학원 아시아부 학장/ 구약학

성경에 수록된 세 가지의 기적 내러티브를 흥미있게 소개하는 "엘리야와 엘리사의 기적 이야기"를 흥미진진하게 읽었다. 저자는 성경의 큰 흐름 속에서 기적 내러티브의 역사성을 증언함으로써 성경의 기적을 신화로 취급하려는 현대 신학적 흐름에 강력한 일침을 가한다. 모세-여호수아, 엘리야-엘리사, 예수님으로 연결되는 기적 내러티브들을 살펴보면서, 나는 본서야말로 오늘의 크리스천들의 필독서라고 생각했다. 더구나 하나님이 인간 역사에 다시 개입하실 네 번째 기적의 시대를 고대한다면 더욱 그럴 것이다.

박한규 복음의 빛 우림교회 담임목사

이 책은 성경에서 한 시대의 기적을 시작하는 자와 마무리하는 자("initator-completer")의 구도에 대하여 확신을 주는 논의로 성경연구에 문헌적으로 기여할 뿐만 아니라, 동일한 이유와 동일한 결과를 위해 예수님과 사도들의 사역 속에서 유사한 기적의 시대를 설명하는 대로를 여는 셈이다. 더 나아가 구원에 대한 성경적 메세지의 핵심을 이루는 계시의 말씀(the revelatory word)과 이를 확인하는 싸인(the confirmatory sign)과의 연결점을 설득력있게 강조한다.

Eugene H. Merrill Dallas Theological Seminary 석좌교수
전 미국 복음주의학회[ETS] 회장 역임

이 책은 성경의 기적들이 하나님의 능력을 무작위로 전시하는 것이 아니라 이스라엘 역사의 위기에 백성들을 위하여 특별한 목적을 성취시키는 뜻을 위하여 인간사에 개입하시는 하나님의 역사라는 것을 밝혀준다. 이 기적들이 단순히 백성들을 구원하고 필요한 유익을 주는 것일 뿐만 아니라, 그들에 대한 하나님의 세밀한 관심과 필요하다면 그들을 위해 개입하실 그분

의 능력을 후 세대에 모형적으로 기억시키는 역할(paradigmatic reminders)을 한다.

Hermann J. Austel   Northwest Baptist Seminary 석좌교수
NASB 번역위원 역임

본서는, 엘리야-엘리사 기적에 대한 전문적이고 깊이 있는 연구서를 출간 했던 김상진 박사님이 그 내용을 정경신학적-실천적으로 좀 더 쉽게 압축하여 펴낸 책입니다. 성경에 나오는 기적이 단지 호기심의 충족이나 하나님/대행자의 능력을 드러내는 데 그치는 것이 아니라 하나님의 구속사 이야기의 역사성을 강화할 뿐 아니라 언약을 세우고 회복하며 성취하는 중요한 역할을 한다는 것을 저자는 명쾌하게 논증합니다. 또한 본서는, 엘리야-엘리사의 기적 사역이 모세-여호수아 시대와 예수님-사도들 시대의 기적 사역을 연결하는 중요한 역할을 하고 있다는 점도 잘 보여주고 있습니다. 종말을 목전에 두고 살아가는 우리들에게 기적의 성경신학적 의미와 아울러 신앙의 도전과 영감도 불어넣어주는 본서를 많은 목회자들과 성경 학도들에게 기쁨으로 추천하는 바입니다.

곽철호 박사 Professor of OT Interpretation at Bible Baptist Theological Seminary;
달라스신학교, PhD; 구약학

이 책은 모세와 여호수아, 엘리야와 엘리사, 세례 요한과 예수 그리스도, 그리고 역사의 완성이 이루어지기 전에 나타날 두 증인의 기적 이야기를 비교한다. 하나님은 죄인을 돌이켜 하나님의 백성으로 삼아 구원과 복을 주시려고 이처럼 선지자들을 통해 기적을 행하신다. 이 책은 하나님의 구속사에 관심이 있는 사람들, 그리스도의 증인으로서 하나님의 능력과 사랑에 더 확신을 갖고자 하는 자들에게 도움이 될 것이다.

안 효선 필리핀 PBTS 구약학 교수 역임, 전 로마 선교사

김상진 교수는 엘리야와 엘리사의 기적 이야기를 통해서 하나님께서 능력을 베푸시고 역

사속에 개입하심으로 드러나는 구원의 의미를 성경적이면서도 매우 실제적으로 풀어주고 있다. 이 책이 가져다주는 큰 유익은 구속사적 관점에서 엘리야와 엘리사의 기적 이야기가 갖고 있는 모세와 여호수아에서부터 예수와 사도들까지 기적으로 이어지는 하나님의 구원 능력의 개입이라는 전 성경적인 패러다임을 잘 드러내고 있다는 것이다. 지금도 이 땅 가운데 능력으로 찾아오시며 구원을 베푸시는 하나님을 구하는 자들에게 이 책은 귀한 지침서가 될 줄로 확신한다.

윤영혁   새본 교회 담임목사 , 센트럴 신학교 교수/신약학

밤이 깊을수록 별은 더욱 밝게 빛난다. 이 시대는 온 세상이 성적으로 타락하여 소돔과 고모라 시대 같이, 물질만능주의에 눈이 먼 엘리야와 엘리사 시대 같이 어둡다. 그러나 빛이시며 의로우신 하나님께서 지금도 살아계신다. 하나님은 헌신되고 충성된 사람들을 통해 현재도 당신의 능력을 나타내신다. 김상진 박사님의 이 책이 어둡고, 어두운 이 세대 가운데 하나님의 능력을 조명하는 놀라운 빛줄기가 될 줄 믿는다.

김영엽   DFC 대표역임 , 현 다움교회 담임목사, 신약학 박사

나는 캠퍼스 사역자로서 학생들에게 세 가지 관점으로 세상을 보라고 말한다. 첫째는 성경렌즈이며, 둘째는 역사렌즈이고, 셋째는 문화렌즈다. 성경은 순전한 역사책이 아니지만 예수 그리스도를 통한 구속사가 그 핵심주제다. 성경에는 역사가 있고 복음이 있다. 역사적으로 영적 암흑기는 수 없이 많이 등장한다. 그 때마다 하나님께서는 하나님의 종들을 보내 그 백성을 깨우신다. 그런 관점에서 이 '엘리야와 엘리사'는 기원전 9세기 북이스라엘을 깨운 선지자요, 영적 암흑기를 밝힌 선지자들이다. 불행하게도 오늘 우리 시대에 점점 어둠이 몰려오고 있다. 이 시대를 밝힐 또 다른 '엘리야와 엘리사'가 필요한 때다. 이 시의 적절한 때 이 귀한 <엘리야와 엘리사의 기적 이야기> 출간은 매우 의미가 깊다 아니 할 수 없다. 캠퍼스 사역자요, 신학자인 저자의 영성이 녹아 있는 이 책을 적극 추천한다.

리민수   DFC 수원지구 대표, 육군 정훈장교 역임

김상진 목사님의 "엘리야와 엘리사의 기적 이야기"를 출간하게 된 것을 진심으로 축하합니다. 김목사님과는 대학시절 귀한 친구로 만났고, 온전히 하나님나라의 확장을 위해 헌신하고 있는 그의 삶은 저에게 항상 많은 도전이 되고 있습니다. 이 시대는 PC(Political Correctness)와 해체주의에 의해 모든 것을 상대화하고자 하고, 이는 기존의 절대적 신앙과 문화를 부정하며 교회를 포함한 한국사회 전체에 심각한 위협이 되고 있습니다. 이러한 시기에 이 책을 통해 모세와 엘리야, 예수님으로 이어지는 하나님의 구속사적 완성을 바라보며 하나님의 말씀으로 돌아가 영적 회복을 이루고 우리의 믿음을 더욱 굳건히 할 수 있는 좋은 계기가 되기를 소망합니다.

조상민 페루 선교사, 장로, 한의사

청춘의 때인, 이십대부터 김상진 목사님과는 함께 대학생들에게 복음을 전파하며, 금식 기도,수련회, 단기선교를 해왔으니, 나는 그와 근 40년간 동역자로서 그의 삶의 관찰자며 증인인 셈이다. 이번에 박사논문으로 시작한 이 책이, 성경의 구약과 신약, 즉 모세와 여호수아, 엘리야와 엘리사, 그리고 예수님과 사도들로 그 구원 사역이 이어져옴을 확인하게 된다. 이 시대에도 그 영적지도자-선지자-메시야의 주제가, 이 세상에, 각 나라에, 개인마다 체험되길 기도하며, 이 책을 기꺼이 추천한다.

김흥근 헝가리선교사, CCC 전임간사 역임

돌이켜보면 내 인생의 주요시점에 김상진목사님으로부터 많은 도움과 기도의 후원을 받았습니다. 캠퍼스 사역을 하는 동안 같은 대학[성균관대학교]의 동역자로, 필리핀에서 국제학교를 시작할때 누구보다도 격려해 주시며 함께 섬길 교사 선교사와 귀한 교재들을 씨애틀에서 보내 주셨습니다. 늘 감사드리며 목사님의 깊은 통찰력으로 씌여진 이 책을 통하여, 점점 영적으로 어려워져가는 암울한 시대에 하나님의 능력을 선포하는 엘리아와 엘리사 같은 분들이 많이 나오길 소원합니다.

정봉심 미국 DFC 선교사, 필리핀 국제학교[DFCIS] 교장 역임

감사의 글
(Acknowledgement)

올해는 서두부터 온 세계가 Covid-19의 몸살을 앓았고, 앞으로도 비슷한 일이 반복 될 수 있다고 합니다. 필자도 이 것의 희생물이 되었지만 오히려 그 치료기간에 영적으로 주시는 하나님의 은혜도 매우 컸습니다. 어느 정도 회복이 되었을 때, 사역과 외출이 모두 중단된 상황 속에서 이 글을 쓰도록 열정을 불러일으켜 주신 하나님께 감사를 드립니다.

엘리야-엘리사 기적 이야기(내러티브)는 필자의 학위 논문과 후속 연구를 선별하여 종합한 결과물입니다. 앞의 두 연구는 하나님의 은혜로 먼저 영문으로 출간이 되었습니다. 이 글은 선지자 엘리야-엘리사 기적 이야기를 중심으로 하지만, 모세-여호수아와 신약의 예수님-사도들의 기적 이야기를 통시적으로 연결하여 성경신학적으로 정리하였습니다.

이 글은 저의 영적 은사이신 DFC 진공열 목사님과 고 이인숙 선교사님께 헌정합니다. 사실 저의 기도 속에 성경을 사랑하고 젊은이들에게 가르치시기를 힘쓰셨던 고 이인숙 선교사님의 뜻을 기리면서 '**인숙 성경 공부 시리즈**'(In-Sook Bible Study Series)를 쓰고 싶은 열망이 있었는데, 약해졌던 마음을 다시 상기시키는 의미도 있을 것 같습니다.

이 글을 마무리하며, 학생시절부터 주 안에서 우정과 사랑을 나누고 있는 벧엘 형제 자매들, 얼마 전 추모 1주기를 가진 고 한재영 선교사님과 미국과 한국 그리고 선교지에 계신 모든 DFC 가족들을 기억하고 싶습니다. 현재 목회하며 동역하는 글로리침례교회의 사랑하는 교역자와 성도님들과 함께 나누고 싶습니다. 글로벌신학교 윤유종 학장님과 동문 및 재학생들, 박성진 학장님과 미드웨스턴 침례신학대학원 동역자들, 그리고 북부 지방회 목회자 가족들을 기억하고 싶습니다. 주안에서 오랜 친구 이문하 이선주 집사님과 주 안에서 이름도 없이 빛도 없이 사역을 도우신 윤혜경 집사님을 생각합니다. 공교롭게도 이 분들 모두가 이번에 저와 가족들이 Covid-19으로 고통을 당하고 있을 때 주 안에서 기도와 물심 양면으로 도와주셔서 치유와 이 글을 쓰는데 큰 힘이 되어 주셨습니다. 또한 이때 학사장교 동문들의 가족같이 아낌없었던 격려를 감사하고 싶습니다. 끝으로, 출간 과정을 도우시는 도기현 한국 DFC대표선교사님과 에스라 서원 스탭에게 감사드립니다.

May 2020

미국 달라스에서 김 상 진 드림

목 차
(Table of Contents)

추천의 글(Recommendation)

감사의 글(Acknowledgement)

도표(List of Tables)

헌정(Dedication)

제1장

  서론: 엘리야와 엘리사 기적 이야기의 시대적 중요성 • 19

제2장

  엘리야의 기적을 동반한 선지자 사역 • 37

    특별한 시대의 선지자 • 42
    기적을 행하는 선지자 • 57

제3장

  엘리사의 기적을 동반한 선지자 사역 • 67

    특별한 시대의 선지자 • 68
    기적을 행하는 선지자 • 71

제4장

  엘리야와 엘리사의 기적과 이스라엘 역사 • 77

    기적과 역사 • 79
    기적과 언약 • 85
    기적과 특별한 상황 • 88

제5장

엘리야와 엘리사의 기적이 다음 세대들에게 미친영향 • 95

    엘리야의 승천 • 96
    엘리사의 뼈 • 99
    엘리사의 음식 제공 • 103

제6장

구약의 두 기적 내러티브의 공통점 관찰 • 109

    문학적 공통점 • 110
    개념적 공통점 • 114
    신학적 공통점 • 121

제7장

엘리야와 엘리사 기적의 정리 • 133

    언약/선택 • 134
    내러티브에 포함되어 있는 기적들 • 138
        기적의 목적 • 139
        기적의 분류 • 142
        기적의 성격 • 147
        기적의 특징들 • 167
    마무리 • 175

제8장

엘리야-엘리사 기적 내러티브의 정경적 위치(성경신학적 관점) • 181

    엘리야와 엘리사의 신학적 전통 • 184
    엘리야와 엘리사의 기적들과 사역 • 191
    엘리야와 엘리사가 후 세대에게 준 강력한 영향 • 203
    엘리야와 엘리사 기적의 특징들 • 205
    마무리 • 210

제9장

결론 (Conclusion) • 215

도표(Tables)와 예시(Illustration)

도 표

Table 1 ------------------ 118
Table 2 ------------------ 120
Table 3 ------------------ 128
Table 4 ------------------ 156
Table 5 ------------------ 188
Table 6 ------------------ 193
Table 7 ------------------ 209

예 시

Illustration 1 --------------- 195
Illustration 2 --------------- 201

헌 정
(Dedication)

주님께 사명을 받으신대로

대학생들과 젊은이들을 전도하고 양육하고 파송하시는데

온 생애를 바치신

진공열 목사님과 고 이인숙 선교사님께

이 책을 헌정합니다.

제 1 장

서 론

엘리야와 엘리사 기적 이야기의 시대적 중요성

제 1 장
서론: 엘리야와 엘리사 기적 이야기의 시대적 중요성

구약의 선지자 중에서 엘리야 만큼 이스라엘의 암울한 시대적 격변 속에서 하나님의 말씀을 드높이고 능력있게 선포한 선지자는 드물다. 오스왈드 샌더스는 엘리야를 밤하늘의 운석에 비유하여 "이스라엘의 영적인 밤의 아주 짙은 어둠을 가로지르는 빛나는 섬광"과 같은 역할을 했다고 묘사하였다.[1]

엘리야 시대(870-850 BC)의 북이스라엘 왕들은 여로보암의 길을 따라 한 사람의 예외도 없이 야웨 신앙을 배교하는 악한 통치자들이었다. 이런 흐름 속에서 오므리 왕조의 아합 왕은 시돈의 공주 이세벨과 정략적 결혼을 하므로 악을 하나 더 추가하였는데, 그 결혼을 통하여 바알종교를 북이스라엘에 도입하는 계기가 되었기 때문이다. 엘리야는 아합 왕(874-853 BC)때부터 그의 아들 아하시야(853-852 BC) 때까지 약 20년간 주로 북이스라엘에서 활동하였다. 이때 엘리야는 바로 바알 종교가 이스라엘에 들어와 이스라엘 전통 신앙을 위협하게 한 아합의 죄를 담대하게 지적하고 살

---

[1] J. Oswald Sanders, *Robust in Faith* (Chicago, IL: Moody Press, 1965), 125.

해의 위협을 받았다. 그러나 그는 어떤 상황 속에서도 하나님을 의지하며 그분의 뜻에 온전히 순종하는 선지자였다.

엘리야의 선지자 직의 특징은 기적을 행하는 모세의 선지적 전통을 계승했고 에녹처럼 죽음을 보지 않고 하늘로 올리운 영광을 차지한 것이다. 어떤 면에서 에녹도 배교하는 시대 속에서 하나님과 친밀히 동행하며 그분을 기쁘시게 하는 선지자였다(창 5:24; 히 11:5). 또한 나중에 엘리야는 변화산에서 모세와 함께 주님과 셋이서 함께 대화를 나누는 특권을 누렸다(눅 9:28-33). 그가 승천한 것은 에녹처럼 살아서 하나님이 계신 천국에 있으며 언제든지 이 세상에 다시 올 수도 있다는 것을 암시한다. 유대인들은 엘리야가 미래 어느 때 그들을 도우려고 다시 돌아온다는 믿음으로 유월절 식사 시간에 문을 열어 놓고 그를 맞이하는 인상깊은 순서를 포함시킨다(말 4:5-6; 계 11:3-12). 그들은 다시 돌아올 엘리야를 잊지 않는다.

엘리야는 후계자로 엘리사를 선택한다. 이 두 사람의 관계는 스승과 스승을 존경하며 전심으로 따르는 제자처럼 긴밀하다. 엘리야는 하나님을 거역하는 이스라엘 왕들과 맞서며 기적을 동반하는 사역으로, 이스라엘 선지자 전통 초기에 선지자의 권위를 굳게 세우는 기념비적 역할을 하였다. 이와 달리 엘리사는 엘리야가 앞서 닦아논 사역환경 속에서 비교적 평화롭게 왕과도 가까운 사이를 유지하고 백성들을 돌보면서 치유와 베푸는 기적 사역을 많이 하였다. 이 두 선지자는 하나님의 원대하신 계획 속에서 선지자 사역의 발전을 이루며 한 시대 안에서 그분의 뜻을 힘써 성취하는 귀한 모범을 보여주었다. 엘리야는 적대적이며 영적 어두움이 깊게 드리운 척박한 환경 속에서 개척적인 선지자 사역을 하였다. 또한 성경의 역사에 기록된 새로운 기적의 시대를 열었다. 엘리사는 그의 뒤를 이어 그 사역을 더 다양화 하고 결국 그의 스승이 시작한 사역을 마무리하는 역할을 하였다. 그 두 사람은 역사적으로 이스라엘의 신앙적 위기에 새로운 기적 시대를 시작하는 선지자(initiator)와 그 시대를 마무리하여 완성하는 독특한 선지자(completer) 관계가 된다.

엘리야-엘리사 기적 이야기(내러티브)에서 기적은 이 두사람의 선지자 사역에 중요한 비중을 차지한다. 이들이 행한 기적은 기본적으로 모세와 여호수아가 행한 기적의 모형을 따르며 동시에 예수님과 제자들이 행한 기적과 밀접한 연결점(linkage)을 보여준다. 이것은 성경신학적 관점에서 관심을 가질만한 중요한 주제이다. 기적 내러티브에서 기적의 중요한 목적 중의 하나는 새로운 시대에 하나님이 세우신 선지자의 권위와 메세지를 신뢰성 있게 하는 것이다(출 14:31; 수 3:7-8; 왕상 17:24; 왕하 4:36-37; 요 2:11; 11:45; 행 4:12, 13-14). 예를 들면, 엘리야가 "내 말이 없으면 수 년 동안 비도 이슬도 있지 아니하리라"(왕상 17:1)고 선포했을 때 그의 말은 실제로 비도 이슬이 없게 하는 통제력이 있었다.

또한 이들의 기적은 장엄하고 흥미롭고 친근감이 있다. 갈멜산에서 제물 위에 하늘의 불이 내리는 기적이 있는가 하면 죽은 아이를 소생시킨다. 또한 갈멜산 사건 후 능력을 받아서 마치 축지법을 쓰듯이 아합의 병거를 앞서서 달려 나간다. 또 사렙다 과부 가정의 기름통에 가뭄이 끝날 때까지 기름이 떨어지지 않게 한다. 엘리사는 여리고 물의 근원을 고치고, 엘리야와 같이 죽은 아이를 살리며, 빚더미에서 헤어나오지 못하는 과부의 가정에 모든 그릇에 기름을 가득 채워주는 기적을 베풀어 문제를 해결해준다. 이 기적은 스승 엘리야의 기적을 반복하는 듯한데, 어떤 면에서는 훨씬 더 풍요로운 인상을 준다. 특히 흥미있는 것은 나무를 베다가 요단강 물에 빠진 도끼를 떠오르게 하는 기적이다. 이것은 마치 이솝 우화에 나오는 이야기와 비슷하다. 하지만 이 두 선지자가 행한 모든 기적들은 하나님 나라의 발전적 관점에서 매우 의미가 깊다. 결코 우연히 일어나거나 우발적인 기적이 아니라 하나님의 원대한 왕국 계획 속에서 사용된 하나 하나의 기적들이다.

엘리야와 엘리사 선지자가 사역한 시대적 배경은 두 가지 면에서 중요하다. 이 시기는 여로보암이 배교하여 단과 벧엘에 신천을 세워서 시작한 송아지 숭배 혼합종교가 유행하고 있을 때였다. 북이스라엘의 어떤 왕도 정치적 이유로 이 여로보암의 길을 따라가는 죄를 결코 떨쳐버리지 못했다. 명백히 잘못인줄 알면서도 그것을 여전히 따라가는 인간의 죄성이 그만큼 뿌리깊다. 더 직접적인 것은 아합과 이세벨의 정략적 결혼(marriage alliance)으로 인하여 발생하였는데, 바알과 아세라 종교가 선민국가 이스라엘에서 전통 신앙을 압도하는 위기를 가져온 것이었다. 하나님의 왕국 계획에 따라 열방의 빛 역할을 다 해야하는 이스라엘이 오히려 자기 정체성까지 상실하고 야웨 신앙과 바알종교 사이에서 혼합종교로 빠져가는 위험에 처하였던 시기였다(왕상 18:21). 이것은 하나님의 왕국 계획의 근본을 흔드는 심각한 위기였다. 이 때 하나님은 강력한 기적을 행하는 선지자 엘리야와 엘리사를 통하여 백성들을 야웨 유일신 절대신앙(Yahwism)으로 회복하고 그들과의 언약관계를 갱신하게 하셨다. 그래서 엘리야는 "아버지의 마음을 자녀에게로 돌이키게 하고 자녀들의 마음을 그들의 아버지에게 돌이키게 하리라"(말 4:6)는 말씀과 같이 회복과 부흥의 선지자 였다.

우리가 살고 있는 이 시대에 이 두 선지자의 사역을 살펴보는 것은 매우 의미 심장하다. 포스트모더니즘 시대는 개인주의(individualism), 상대주의(relativism), 다원주의(pluralism)가 유행하는 시대이다. 또 영적으로도 점점 더 어두워져 가고, 영적 전쟁이 치열해지는 시대이다. 그러나 또한 선교의 시대이다(마 24:14). 시대의 흐름을 아무도 완전히 비껴갈 수는 없다. 이 시대는 예수 그리스도 안에서 하나님만 온전히 섬기는 야웨 유일신 절대신앙

(Yahwism)이 흔들리며 성경해석도 독자들 개인의 관점에 따라 자기가 좋아하는 방향으로 취사선택하려고 한다. 따라서 신앙적 종교적 다원주의와 혼합종교(syncretism)로 빠지기 쉬운 시대이다. 엘리야와 엘리사 시대 같이 배교하거나 타협하는 신앙적 위기가 있고 하나님의 특별한 개입(기적)이 예상되는 시대이다.

승천한 에녹의 아들이며 노아의 할아버지가 므두셀라이다(창 5:21-31). 그는 성경에 기록된 가장 오랜 수명의 구백육십구 세를 누렸는데, 아마 부모의 신앙을 이어받아 경건하게 살았을 것이다. 하지만, 장수에 비하여 뚜렷한 업적은 기록되지 않았다(창 5:27). 적절한 비교인지는 모르겠지만, Dwight L. Moody는 그 보다 훨씬 짧은 생애를 살았지만 19세기 최대의 영적 회복과 부흥운동을 일으키고, 늘 사랑하던 성경으로부터 다음과 같은 비문을 남겼다. *"이 세상도, 그 정욕도 지나가되 오직 하나님의 뜻을 행하는 자는 영원히 거하느니라"*(요일 2:17). 또한 그는 자신을 주님께 온전히 헌신하며 "세상은 주 예수 그리스도께 온전히 몸바쳐 순종하는 한 사람을 통하여 그 안에서 또 그를 위해 하나님이 역사하시는 것을 이제 볼 때가 왔다"라고 했고, 이어서 "나는 이런 사람이 되고 싶다"라고 했다. 무디는 자국민 약 49만명이 죽은 남북전쟁 후 영적으로 혼란했던 미국 19세기에 '엘리야' 같은 회복과 부흥의 사람이었다.

진실한 성도는 하나님 말씀을 배우고 진리에 서서 하나님의 뜻에 온전히 순종하기를 원한다. 하나님은 이런 성도를 귀하게 보시며 엘리야와 엘리사 선지자 같이 능력있게 사용하시기를 원하신다. 지금도 하나님은 그분을 의지하여 "전심으로 자기에게 향하는 자들을 위하여 능력을 베푸신다"(대하 16:9a). 신앙이 좋은 한 청년과 엘리야에 대한 대화를 나누면서, "엘리야가 외적 성품은 자유분방하였지만 하나님께서는 그의 내면을 다스리셨다(Elijah was wild outside but God controlled his inside)"라고 들은 적이 있다. 즉 엘리야는 하나님께서 그에게 말씀하실 때 그의 내면의 생각을 하나님께 향하여 온전히 복종시킨 순종의 선지자였다.

특히 엘리야는 기도의 열정을 가진 사람이었다(왕상 18:41-44; 약 5:17-18). 야고보는 엘리야가 "우리와 성정이 같은 사람"(약 5:17) 이라고 한다. 이 말씀은 그가 받은 사명과 그가 했던 간절하고 능력있는 기도를 우리도 현재의 신앙생활에 재현할 수 있다는 믿음을 일깨워 준다. 우리도 혼란한 이 시대에 엘리야처럼 뜨거운 기도의 사람으로 살라는 강한 도전을 준다.

필자가 목회하는 교회는 작은 한인 교회이지만 인근 주립대학의 외국인 학생들이 주일 예배에 참석하여 한 영 동시통역으로 예배를 드린다. 하지만 Covid-19 전염병으로 교회 안의 예배가 모두 중단되고 모두 각각의 집에서 동시에 온라인 예배를 드린 적이 있었다. 한국말로 동영상 설교를 하므로 설교 영어 번역본을 만들어 주일 전날 영어권 학생들에게 이메일로 보냈다. 그 때 예수님을 영접한 지 일 년이 채되지 않은 인도계 미국인 자매가 감사의 말로 회신한 짧은 말이 가슴을 뭉클하게 하였다: "Thank you for sending me the English translation of the Preaching. I will do the worship with all my heart and soul.(설교 영어 번역본을 보내주셔서 감사합니다. 내일 그 시간에 마음을 다하고 뜻을 다하여 꼭 예배를 드리겠습니다)."

이 대학원 여학생이 어느 정도의 신앙적 의미를 담아서 이런 말을 했는지 다 알지 못한다. 하지만 그 짧은 말 속에 쉐마의 핵심구절"내 마음을 다하고 뜻을 다하여"(신 6:4-5)라는 말이 들어있지 않은가? 엘리야와 엘리사가 이스라엘 백성들에게 회복하려고 하던 야웨 유일신 신앙(Yahwism)을 표현하고 있지 않은가? 이 글을 쓰면서 떠올랐 던 것은, 우리 교회가 인근 주립대학에 인도와 중국 유학생이 많아서 이들에게 복음을 전하기 위해 하고 있었던 간절한 기도였다. 늘 빈약한 열매 때문에 부끄럽지만, 하나님께서 우리의 기도를 들으신 줄 믿는다. 몇 주 후 이 자매는 YouTube에 올린 영어설교 동영상을 두 번 반복하여 들었다는 회신을 하였다. 어쩌면 이 에피소드는 예배도 교회서 드리지 못할 만큼 갑작스런 일을 당하던 때에 주님이 교회에 주시는 잠잠한 위로였는지도 모른다.

엘리야는 평범한 우리에게 늘 가까이 있는 선지자이다. 그는 담대했지만 동시에 겸손한 기도의 사람이었다(왕상 18:42). 그 시대의 영적 도덕적 타락에 분노를 느끼고 진심으로 안타까워했던 사람이었다. 또한 그런 시대를 바라보며 믿음과 인내의 기도로 하나님께 나아갔던 사람이었다(왕상 18:43-44). 엘리야와 엘리사 선지자의 기적 이야기를 공부하며 그들의 불타는 믿음과 인내와 열정 있는 기도를 배워서 이 시대의 영적 회복과 부흥에 쓰임받을 수 있기를 기도한다. 또한 이 시대에 하나님께서 찾으시는 그리스도의 제자로서 말씀과 성령이 충만하며 열매를 풍성히 맺는 신앙인이 되기를 기도한다.

*용어 해설

이번 글은 몇 가지 전문적 용어들이 쓰였기 때문에 신학을 전문적으로 공부하지 않는 분들에게 도움이 되도록 선별하여 다음 몇 가지를 소개한다.

야웨 유일신 신앙(Yahwism): "Yahweh"는 우리 말 성경에서 독일식 표현에 따라 "여호와"로 번역되었지만, 학술 세계에서는 "야웨"라는 명칭을 많이 쓴다. 그래서 본글에서 "여호와"와 "야웨"는 동일한 용어임을 밝혀둔다. 그리고 Yahwism은 이스라엘이 출애굽 후 시내산에서 맺은 시내산 언약에 근거하여 이스라엘 백성이 "여호와께서 말씀하신 모든 것을 우리가 준행하리이다"(출 24:3; 19:8)라고 고백한 대로 오직 야웨만 배타적으로 그들의 유일신으로 섬기기로 약속한 신앙고백을 가리킨다. 이 단어는 문맥에서 따라 "야웨 유일신 신앙", "야웨 유일신 절대신앙", "야웨 유일신 숭배신앙" 등으로 쓰며, 문맥에 따라 조금씩 강조점을 달리하였다.

바알종교(Baalism): 바알은 고대 가나안의 신으로 바람과 천둥, 비와 풍요를 지배하는 신으로 숭배되었다. 바알 신앙에 대하여 자세히 기록된 쐐기문자 토판이 지중해 연안의 고대 우가릿(라스 샤무라 유적, 1929)에서 발견되었는데, 이 지방은 시돈과 두로가 있는 페니키아의 북부에 있다. 아마도 페니키아는 가까이에서 이 체계화된 바알 신앙의 영향을 많이 받았을 것이다. 이스라엘에서 흔적이 발견되는 바알종교는 주로 아합이 이세벨과의 결혼으로 들어온 페니키아의 유산인 것처럼 보인다. 하지만 바알종교는 당시 가나안 전체에 퍼져있던 토착 종교로 이스라엘에 여러 형태가 혼합하여 유입되었을 것이다. 성경에서는 바알과 여신 아세라가 한국의 견우와 직녀 관계 처럼 연인/부부로 함께 나타난다. 갈멜산 대결에서도 엘리야가 바알 선지자와 아세라 선지자를 함께 초대하였다.

언약(Covenant): 구약에서 언약(covenant)의 개념은 두 대상 사이의 "서로 묶임", "합의", "의무", "관계" 등을 망라하는 종합적 뜻을 가지고 있다. 그만큼 두 대상이 상호간에 맺은 엄숙한 약속을 의미한다. 본 글에서 언약은 주로 하나님과 이스라엘 백성이 시내산에서 맺은 언약을 가리킨다. 이 언약을 통해 하나님은 이스라엘을 다스리고 보호하시는 왕이시고 백성들은 그분과 맺은 율법을 준수한다는 서약 관계가 맺어졌다. "언약관계 이념(Covenant ideal)"은 바로 이런 관계가 잘 지켜져 그 언약의 정신이 실현되는 상태를 가리킨다. 이 언약과 함께, 물론 아브라함 언약과 다윗 언약이 이스라엘 역사에 뗄수 없는 관계로 저변을 흐르고 있다.

구속사(Sacred history): 성경을 한 신학적 관점에서 해석하는 역사관으로 구약과 신약의 전 역사를 하나님의 구속의 역사(redemptive history or salvation history)로 본다. Gerharth von Rad의 육경(모세오경에 가나안 정복을 묘사하는 여호수아를 포함하는 6권의 책)에서 유래된 독일어로는 이 구속사를 '거룩한 역사' 라는 뜻의 "Heilsgeschichte"라고 부른다.

신명기 역사관(Deuteronomistic History): 이 역사관은 독일 신학자 마르틴 노트(Martin Noth)가 1943년경에 주장한 학설로 신명기의 문학 양식과 율법에 따른 '순종-축복, 불순종-저주'의 신학이 그 이후에 계속되는 역사서, 즉 여호수아서부터 열왕기서까지 일관되게 적용되어 흐른다는 역사관을 가리킨다. 이 견해 내용 자체에는 대부분의 학자들이 동의 하지만, 노트가 원래 주장한대로 여호수아서부터 열왕기서가 한 저자에 의하여 저술되었거나 편집되었다는 견해는 많은 공감을 얻지 못한다.

하나님 왕국 이념(God's kingdom ideal): 이것은 하나님의 창조 명령(창 1:28)과 아브라함 언약과 관계가 되는데, 하나님께서 선민 이스라엘 백성을 통하여 열방을 구원하시고 축복하시려는 계획을 의미한다. 신약에서는 주 예수와 그리스도인들을 통한 하나님 나라 확장과 관련이 될 수 있다.

정경적 관점(Canonical approach): 기독교인 성경의 정경은 구약 39권과 신약 27권이다. 정경적 관점은 신구약 성경을 한권의 책으로 보는 관점에서 각 책이나 어느 부분을 보는 것을 가리킨다. B. S. Childs와 J. Sanders가 이 관점을 잘 대변하고 있다.

성경신학(biblical theology): 성경신학을 이상적으로 말하면 성경 본문 자체에서 우러난 신학이다. 조직신학과 상대적으로 쓰이는데, 조직 신학이 규범적이라면 성경신학은 서술적이다. 그리고 또 조직신학이 공시적(synchronic) 관점 이라면 성경신학은 통시적(diachronic) 관점이며 각 책 역사의 배경에서 또한 점진적 계시의 관점에서 유기적으로 성경 본문을 해석하려고 한다.

J. S. DeRouchie는 성경신학의 목표를 다음과 같이 정의하였다. "Consider how your passage connects to the Bible's overall storyline or message and points to Christ.(여러분이 다루는 본문이 어떻게 성경 전체의 이야기 흐름 또는 메세지와 연결 되며 그리스도를 가리키는지 숙고하라)".[2]

평행(Parallels): 두 문학 단위의 비교에서 공통점이나 뚜렷히 연결되는 대상을 의미한다. 이 글에서는 성경의 기적 이야기들 사이에 공유하는 비슷한 사건이나 동일한 사건을 가리킨다.

---

[2] Jason S. DeRouchie, *How to Understand and Apply the Old Testament: Twelve Steps from Exegesis to Theology* (Phillipsburg: NJ: P&R Publishing Company, 2017), 347. 이 견해는 필자의 성경신학이 지향하는 바와 거의 일치하며 이책에 반영되었다.

내러티브(Narrative): 문학 용어로, 어떤 작품이 인물(characters), 구성(plot), 배경(setting), 화자(narrator)의 요소를 갖추었을 때 내러티브라고 부른다.[3] 성경의 내러티브도 일반 내러티브와 성격이 유사하며 매우 탁월한 예술성을 보인다. 인물과 캐릭터화(character and characterization)가 내러티브에서 가장 중요한 요소이다. 예를 들면, 엘리야는 모세와 비교할 때 아무런 준비 과정이 기록되지 않은 채 갑자기 등장하여 메세지를 선포한다(왕상 17:1). 내러티브 관점에서 보면, 엘리야의 캐릭터화를 그렇게 한 것은 야웨께서 북이스라엘 상황을 보실 때 얼마나 사태가 심각했는가를 암시해준다. 그리고 아합은 공처가처럼, 이세벨은 여왕처럼 권위 의식이 강한 인물로 묘사된다. 내러티브는 다른 말로 표현하면 '이야기(story)'로 부를 수 있다. 본글에는 주로 '내러티브'라고 썼으나 '이야기'로 표현하기도 했다.

성경은 하나님의 말씀이다. 동시에 성경은 인간의 언어로 기록되었고, 삶에 빛과 희망을 주는 산문과 시처럼 형식(장르)을 갖춘 문학작품이다. 문학의 한 장르로서 내러티브적 접근을 하면, 성경의 심오한 진리를 문학적 예술성을 통하여 더 풍성하게 이해할 수 있을 것이다. 성경은 엘리야와 엘리사 이야기를 포함하여 많은 부분이 내러티브로 되어 있다.

---

3 W. R. Tate는 내러티브의 일반적 요소를 좀 더 세밀하게 언급한다: "The typical features of narrative: narrative voice and time, plot, setting, characterization, point of view, and style." 이것의 이해를 위해 다음을 참조하라: W. Randolph Tate, *Biblical Interpretation: An Integrated Approach* (Peabody, MA: Hendrickson Publishers, 1991), 74-96.

이 책의 이름은 "엘리야와 엘리사의 기적 이야기"로 하고, 부제로 "영적 회복과 부흥의 선지자들"이라고 했다. 만약에 부제를 하나 더 기록한다면 "이 두 선지자 기적 이야기의 성경적 중요성"이라고 한 후 학술적인 이해를 돕기 위해 영문으로는 다음과 같이 기록했을 것이다:

A Canonical Significance of the Locus of the Miracle Narratives
Of Elijah and Elisha

이 영문은 성경신학 관점에서 엘리야와 엘리사 기적 내러티브가 크리스찬 정경에서 어떤 기여를 하고 있는가를 밝히려는 취지를 담고 있다.

제 2 장

엘리야의 기적을 동반한 선지자 사역

제 2 장
엘리야의 기적을 동반한 선지자 사역[4]

엘리야-엘리사 기적 이야기(내러티브)는 많은 면에서 모세-여호수아 기적 이야기와 유사한 비교점을 많이 가진 공통점 또는 평행(parallels)을 이룬다. 여기서 '평행'이란 두 기적 이야기에서 동일하거나 비슷한 사건이 공통적으로 일어난 것을 가리킨다. 따라서 이 기적 이야기를 살펴보면 모세-여호수아 기적 이야기와 얼마나 서로 상호적으로 밀접하게 연결(correspondences) 되어있는지 좀 더 명료하게 밝혀줄 것이다. 이런 측면은 다음에 더 이야기 하겠지만 엘리야-엘리사 기적 이야기와 예수님-제자들 기적 이야기에도 거의 동일하게 적용될 수 있다. 이것은 구약의 두 기적 이야기(모세-여호수아/엘리야-엘리사)를 상호 비교함으로 공통점을 찾아내고, 더 나아가 신약의 예수님-사도들 기적 이야기를 포함시켜, 왜 이 세 기적 이야기가 성경에 기록되어 있는지, 또한 그들의

---

[4] 앞으로 전개될 본문은, 출판사와의 계약에 따른 허락을 얻어 본인의 저서를 참조하여 대부분 편역해 갈 것이다. 양해를 구하는 것은, 본인의 저서라도 인용하면 각주를 모두 달아야 하나 이 글 대부분이 편역이고, 또 약간 학술적/신학적 문제를 다루더라도 기본적으로 일반 성도를 대상으로 하기 때문에 난이도와 지면의 제한을 고려하여 각주를 많이 생략하는 것이다. 하지만, 중요한 참조가 되는 것은 각주에 잘 남길 예정이다. 이글의 전반적인 이해를 위해 다음 두 책을 참조하기 바란다: Sang Jin Kim, *The Miracle Narratives of the Bible: The Literary and Theological Significance* (Saarbrucken, Deutschland: VDM Verlag Dr. Muller Aktiengesellschaft & Co, 2010); *The Literary and the Theological Functions of OT Miracle Narratives* (Saarbrucken, Deutschland: VDM Verlag Dr. Muller Aktiengesellschaft & Co, 2009).

역할이 무엇인지를 새롭게 설명할 수 있다. 이 글에서 성경의 세 기적이야기는 위에 언급한 신구약의 세 기적 시대의 이야기를 의미한다.

한 가지 예를 들면, 아합 시대에 여리고 성을 재건한 히엘(Hiel)의 사건은 모세-여호수아 기적 이야기와 엘리야-엘리사 기적 이야기가 문학적 신학적으로 밀접하게 연결되어(connection) 있음을 보여준다. 왜냐하면, 이 사건은 여호수아가 한 저주 예언의 궁극적 성취인데, 그 성취 배경이 바로 엘리야 사역의 중요한 주제(motif)로 서로 밀접하게 화답하기 때문이다. 다시 말해 히엘의 사건은 아합이 이세벨과 결혼하여 사마리아에 바알 신전을 만들고 제단을 쌓았으며 아세라 상을 만들어서 여호와를 심히 노하시게 한 배경에서 일어났기 때문이다(왕상 16:29-33). 아합 왕의 배교에 이어 히엘의 이야기는 다음과 같이 기록된다:

"그 시대에 벧엘 사람 히엘이 여리고를 건축하였는데 그가 그 터를 쌓을 때에 맏아들 아비람을 잃었고 그 성문을 세울 때에 막내 아들 스굽을 잃었으니 여호와께서 눈의 아들 여호수아를 통하여 하신 말씀과 같이되었더라"(왕상 16:34; 수 6:26).

"여호수아가 그 때에 맹세하게 하여 이르되 누구든지 일어나서 이 여리고 성을 건축하는 자는 여호와 앞에서 저주를 받을 것이라 그 기초를 쌓을 때에 그의 맏아들을 잃을 것이요 그 문을 세울 때에 그의 막내 아들을 잃으리라 하였더라" (수 6:26).

이 사건이 시사하는 바는 하나님을 거역하고 그분의 말씀을 아주 소홀히 하는 시대적 배경이다. 이스라엘 초대 왕 여로보암이 정치적 목적으로 단과 벧엘에 야웨 대신 송아지로 대체한 우상을 만들고 율법에 일치하지 않는 절기와 제사장 규범을 세우고, 또한 사원을 세워 백성들이 거기서 섬기게 하였다(왕상 12:28-29). 왜냐하면 이스라엘의 국가적 세 절기, 즉 유월절, 맥추절, 장막절에는 여러 지역에서 살던 많은 유대인들이 절기에 참여하기 위해 예루살렘으로 순례여행을 하였기 때문이다. 만일 백성들이 이런 순례를 반복하면 북 이스라엘은 국가적 정통성을 소홀이 여길 수 있으므로 여로보암이 정략적으로 다른 변개한 신앙을 만들고 이스라엘 야웨 유일신 절대신앙을 의도적으로 왜곡한 것이었다. 그는 하나님의 율법을 존중하기 보다 정치적 이득을 먼저 계산하였다. 아합은 이에 악을 더하여 수도 사마리아에 바알 신전과 제단을 만들고 아세라 상을 세웠다(왕상 16:32).

히엘은 바로 송아지 숭배가 이루어지던 도시 중 하나인 벧엘 사람이다. 그는 이스라엘에 혼합종교를 만든 여로보암의 길을 따르며 하나님을 배도하는 아합의 영향을 받아 여호수아가 명확하게 금지한 예언을 무시하고 여리고 성을 재건축하였다. 그 결과 그 건축 과정에서 여호수아의 예언대로 맏아들과 막내 아들을 차례로 잃었다. 일반 백성은 대개 지도자들의 타락을 민감하게 따라간다. 그래서 지도자들의 책임이 보이지 않게 중요하다. 이 사건이 우리 시대에 주는 경고는 우리가 하나님의 말씀을 소홀히하여 불순종하기를 일상화하면 그 화가 우리 자녀들과 자녀 세대 전체에게 곧바로 미친다는 좋은 예를 보여주는 것이다.

R. Alter에 따르면, 이 문맥에서 히엘과 아합의 연결(connection)은 일종의 내러티브 애날로지(narrative analogy)이다. 이것은 히브리 문학의 독특한 기법으로 어떤 두 사건의 관계를 자세하고 명쾌하게 설명하기 보다 독자가 그 연결을 통해서 저자가 전달하려고 하는 메세지를 스스로 발견하게 하는 목적이 있다.[5] 그래서 본문에서는 여호수아의 예언과 그 예언을 무시하고 아합 왕 때에 시대적 악의 흐름에 편승하여 여리고를 건축한 결과가 어떠한지를 독자가 통찰력있게 발견하도록 도와준다. 이런 면에서 히엘 이야기 바로 뒤이어 시작되는 엘리야와 엘리사 기적 이야기의 위치가 성경신학적 관점에서 어떤 함축적 의미를 갖는지를 간략하게 언급하고 싶다.

엘리야와 엘리사 기적 이야기는 이스라엘 왕조의 심각한 종교적 위기를 배경으로 한다. 특히 아합과 이세벨의 정략결혼으로 이방 범신교(polytheism)인 바알종교가 이스라엘의 유일신 야웨 절

---

5 Robert Alter, *The World of Biblical Literature* (New York: Basic Books, 1992), 103.

대신앙(monotheistic Yahwism)에 도전해 왔을 때 하나님께서 그분의 신실한 종 선지자들을 통하여 세계를 다스리시는 주권자임을 강조한다. 이 시기는 북 이스라엘 왕조가 종교적으로 타락하여 하나님과 맺은 언약과 점점 멀어져서 마침내 ""언약 위반의" 정점(an apex "for covenant violation")"에 있던 때였다(왕상 16:31-33).[6]

인물 캐릭터화에 있어서 엘리야와 엘리사의 이야기는 모세와 여호수아 이야기와 유사한데, 하나님이 선택한 이 두 그룹의 선지자의 인물묘사(characterization)를 할 때 다른 선지자들과 매우 특별하게 구별되도록 제시하는 것이다. 이 기적 이야기의 가장 중요한 역할 중의 하나는 엘리야와 엘리사를 하나님과 이스라엘 백성 사이에 선지자와 국가적 신앙 지도자로서의 중보자(mediators)로 독특하게 강조하는 것이다. 또한 모세와 여호수아 기적 이야기와 비슷하게 선지자로서 능력있는 기적을 행하는 독특성을 부각시킨다. 또한 어떤 시기에 하나님께서 기적을 행하는 선지자를 특별한 목적으로 사용하셨는가를 잘 보게 한다. 이같은 이해는 현 시대의 기적을 해석하는데도 깊은 통찰력을 줄 수 있다. 또한 선교지의 활발한 기적도 이해하는데 도움을 준다.

지금부터 선지자 엘리야와 엘리사를 차례로 살펴 볼 것이다. 먼

---

[6] Eugene H. Merrill, *Everlasting Dominion: A Theology of the Old Testament* (Nashville, TN: Broad and Holman Publishers, 2006), 455.

저 엘리야는 이스라엘 역사의 특정한 시기에 하나님의 뜻을 행하기 위해 부름받은 선지자이며, 그의 선지자 사역은 특별한 기적을 동반하는 점에서 다른 선지자들과 확연히 구별이 된다.

특별한 시대의 선지자 (Prophet for the Strategic Moment)

비록 엘리야와 엘리사의 선지자 사역이 북 이스라엘의 왕조에서 상대적으로 짧은 약 80년 기간(874-795 BC)에 이루어졌지만 이 두 선지자의 이야기는 열왕기서 전체의 약 1/3을 차지한다(왕상 16:29-왕하 9:1-37; 13:14-21, 22-25).[7] 열왕기서에서 이 두 선지자 이야기에 할당된 적지 않은 지면의 분량은 이 두 선지자의 역할과 그들이 시사하는 메세지의 중요성에 대하여 문학적으로 구조적인 강조(a structural emphasis)를 한다.[8] 이런 형태의 강조는 엘리야가 열왕기서에서 처음 소개될 때 이 책 전체의 스토리 라인에서 그의 이야기가 전혀 새로운 사실을 알리는 파격적 "대전환 또는 단절감(the shift or break)"을 형성한다는 것을 암시한다.[9] 또한 열

---

[7] 엘리야는 아합 왕(874-853 BC) 초기에 사역을 시작하였고 그 아들 아하시야(853-852 BC)때까지 사역하였다. 엘리사는 아합 왕 재위 말기에 부름 받아 예후의 아들 요아스(Jehoash, 798-782 BC) 재위 초기까지 사역한 것 같다. 열왕기서가 약 400년의 이스라엘 역사를 다루는데 이 동안에 이 두 선지자는 약 80년 사역을 했다. 열왕기서에서 엘리야-엘리사 사역의 범주와 관련하여 T. L. Brodie는 엘리사의 무덤의 기적 이후에 연결되는 열왕기하 13:22-25을 포함시킨다. 이는 엘리사 예언의 성취를 강조한다. 다음을 참조하라: Thomas L. Brodie, *The Crucial Bridge: The Elijah-Elisha Narrative as an Interpretative Synthesis of Genesis-Kings and a Literary Model for the Gospels* (Collegeville, MN: Litergical Press, 2000), 1.

[8] David A. Dorsey, *The Literary Structure of the Old Testament: A Commentary on Genesis-Malachi* (Grand Rapids: Baker Book House,1999), 17.

[9] James Muilenburg, "Form Criticism and Beyond," *JBL 88* (March 1969):10.

왕기서가 최종 기록된 시기는 바벨론 포로기인 BC 약 560년경으로 보이는데, 저자(편집자)가 엘리야와 엘리사 기적 이야기를 비중 있게 다루면서 당시 **포로생활** 중에 있던 독자들에게 어떤 메세지를 전달하려고 하였을까를 생각하게 한다(왕하 25:27).

열왕기서에서 아합의 등극과 통치의 이야기(왕상 16:29-34)는 이어지는 엘리야와 엘리사 이야기 전개를 위한 서곡(prelude) 역할을 한다. 북이스라엘의 수도를 사마리아에 정한 것은 아합의 부친 오므리(885-874 BC) 때였는데, 그는 다음과 같이 평가를 받는다. "오므리가 여호와의 보시기에 악을 행하되 그 전의 모든 사람보다 더욱 악을 행하여 느밧의 아들 여로보암의 모든 길로 행하여…"(왕상 16:25-26). 아버지 오므리와 아들 아합은 악행으로 선민 이스라엘의 하나님 여호와를 심히 노하게 한 왕들이었다. 이런 시대적 배경에서 선지자 엘리야라는 새로운 인물의 등장은 이야기 전개에서 새로운 주제를 도입한다.

아버지의 악행을 따라, 아합은 시돈 왕 에토바알(Ethbaal)의 딸 이세벨(Jezebel)과 결혼하여 장차 이스라엘 종교 생활 무대에 바알종교가 등장하는 길을 열었다.[10] 아마도 아합은 북이스라엘은 마

---

10 Jerome T. Walsh, *1 Kings*, BO: Studies in Hebrew Narrative & Poetry, ed. David Cotter (Collegeville, MN: Liturgical Press, 1996), 218-219. 에토바알(Ethbaal)은 "바알이 존재한다(Baal exists)"라는 뜻이며, 이세벨(Jezebel)도 바알의 유산을 간직하는데 (바알) "공주가 어디 있느냐? (Where is the prince?)"라는 뜻이다. 이것에 대한 좀더 자세한 참조를 위해서 다음 저서를 보라: Leah Bronner, *The Stories of Elijah and Elisha as Polemics against Baal Worship*, Pretoria Oriental Series, ed. A. Van Selms, vol 6 (Leiden: E. J. Brill, 1968), 9.

땅한 항구가 없는데 지중해 대표적인 항구도시 시돈과 결혼 동맹(marriage alliance)을 맺으면 장차 무역을 통하여 국가의 부를 축척할 수 있으리라 생각했을 것이다. 에토바알은 원래 바알신의 제사장이었다가 왕이 된 자(찬탈자)였다. 그의 딸인 이세벨은 어려서부터 체계적인 신앙 교리를 배우면서 바알을 잘 섬겼고, 자연적으로 그녀는 바알종교에 대한 열심이 특별한 처녀로 성장하였을 것이다. 그래서 친정 시돈에서 북이스라엘로 시집올 때 아마 바알종교의 선교사 역할을 하리라는 선교적 열정을 뜨겁게 품었을 것이다. 그녀가 나중에 이스라엘에서 바알 선지자 사백 오십인과 아세라 선지자 사백인을 거느린 것은 그녀가 보통 이상의 바알신앙을 가졌었다는 사실을 잘 보여준다.

이세벨의 경우를 묵상해 보면, 이 시대에 우리 자녀들을 어떻게 신앙교육을 해야 하는지 좋은 교훈을 준다. 어렸을 때부터 보고 듣고 실행한 것은 평생 기억에 남는다(잠 22:6). 각 가정과 신앙 공동체는 자녀들이 어려서부터 하나님 말씀을 배우고 행하고 그분을 경외하는 신본주의 신앙을 뿌리깊게 갖도록 잘 준비된 교육을 해야 한다. 유대인들은 쉐마 교육(Shema Education)으로 이런 신앙을 자녀의 마음에 인박이도록 심어준다. 이렇게 자라난 자녀들은 그리스도의 제자가 되어 영적 어두움이 짙은 이 세대 속에서 넘어지지 않고 굳게 서서 하늘의 별처럼 찬란한 영적 빛을 세상에 비출 수 있을 것이다. 그리고 지성적 열망이 가장 뜨거운 청년시절에 하나님의 영감된 말씀을 체계적으로 잘 배울 수 있는 기회를 제공하도록 힘써야 한다. 그래야 미래의 영적 지도자 역할을 제대로 감당할 수 있다. 어린이들과 청년들에게 신앙공동체의 미래가 달려 있다.

최근의 예로, 미국 대학가에서 모슬렘 학생들을 만나보면 이세벨이 우리에게 주는 것과 유사한 도전을 느끼게 한다. 그들과 대화를 하다보면 생각보다 모슬렘 가정의 신앙교육이 체계적으로 잘 되어 있음을 보게 된다. 그들은 코란에도 능하다. 나름대로 자신들의 안식일을 지킨다. 복음적 대화를 나누다가 좀 깊은 대화를 나누려고 하면 이런 회신을 받는다: "이 이야기는 우리 부모님이 가진 신앙과 배치되기 때문에 더 이상 진전시키고 싶지 않습니다." 그리고 모슬렘 여학생들은 늘 히잡을 머리에 쓸만큼 강한 신앙전통을 이 세대에도 유지하고 있지 않은가? 이들의 가정과 공동체의 신앙적 교육 방법은 역설적으로 오늘날 우리 기독교인들의 자녀 신앙교육에 오히려 신선한 도전을 준다.

아합은 하나님과 언약관계에 있는 선민 이스라엘의 왕인 것을 망각하고 아내 이세벨의 비유를 맞추어 수도 사마리아에 바알 신전을 세우고 아세라 목상을 세웠다. 역사적 기록으로 보면 아합 왕은 대외적으로 강한 왕권을 가졌을지라도, 엘리야 이야기에서는 줏대 없이 자기 부인에게 휘둘리는 인물로 묘사된다.[11] 이런 아합

---

11 예를 들면, 앗시리아의 남하정책을 저지하기위해 결성된 시리아를 비롯한 연합군에 아합은 병

의 캐릭터화는 엘리야-엘리사 기적 이야기를 이해하는데 중요한 요소이다. 한편, 열왕기서의 편집자는 엘리야와 이세벨을 서로 극한으로 대비시키며(polarize) 그 둘 사이에 직접적 대화나 만남이 결코 일어나지 않게 인물 묘사를 하였다.

아합의 등장 이야기에서 "느밧의 아들 여로보암의 죄를 따라 행하는 것을 오히려 가볍게 여기며"(왕상 16:30-31; 출 34:16)라는 말이 암시하는 바와 같이 그는 하나님의 율법(the law of God)을 거스리는 배교적 성향을 가지고 있음을 보여준다. 벧엘 사람 히엘이 여리고 재건을 금지한 여호수아의 예언이 있음에도 불구하고 여리고를 재건한 것은 아합 시대에 하나님의 말씀을 가볍게 여겼음을 단적으로 보여주는 사건이다(왕상 16:34; 수 6:26).

아합의 등극 이야기와 그의 통치는 열왕기서에서 무려 여섯 장이라는 긴 분량을 차지한다. 이것은 매우 예외적이다. 유다에 개혁 조치를 한 선한 왕 아사의 이야기는 한 장은 커녕 불과 15절 정도로 매우 짧은 것을 보면 알 수 있다(왕상 15:9-24). 아합 왕의 등극에 상응하여 엘리야의 이야기는 하나님의 관점에서 이스라엘 역사의 영적 현주소가 어떠했는가를 잘 보도록 독자를 이끌어 준다. 아합 왕 시대는 바알 숭배가 선민국가인 이스라엘에서 공공연하게 자행되었고, 하나님과 언약관계의 이념(God's covenant ideal)은

거 2000대와 보병 1만을 거느리고 참전했다는 기록이 있다. 이것을 칼 칼(Qar Qar) 전투(853 BC)라고 하는네, 이 연합군은 그런대로 앗시리아의 침략을 저지한 것으로 알려진다.

심각하게 무시되고 있었다. 아합과 이세벨이 나봇을 모함하여 처형하고 권력으로 그의 포도원을 탈취한 사건은 그 왕권이 얼마나 하나님의 율법의 이상에서 벗어나서 남용으로 기울었는지를 보여준다. 하나님의 언약 이념은 왕이 공의와 사회적 정의를 지키고 약자를 보호하는 의무를 지고 있었다. 그러나 아합은 율법에 기록된 언약 이념을 전혀 마음에 두지 않았다. 이와 같이 이 시기는 하나님의 이스라엘과의 언약 관계와 언약의 이상의 관점에서 볼 때, 선민국가 이스라엘은 심한 종교적 정치적 위기에 처해있었다.

다음은 이런 시대적 배경에서 엘리야가 이스라엘 역사 무대에 처음 등장하는 묘사이다.

"길르앗에 우거하는 자 중에 디셉 사람 엘리야가 아합에게 말하되 내가 섬기는 이스라엘 하나님 여호와께서 살아 계심을 두고 맹세하노니 내 말이 없으면 수 년 동안 비도 이슬도 있지 아니하리라"(왕상 17:1).

Now Elijah the Tishbite, who was of settlers of Gilead, said to Ahab, "As the Lord, the God of Israel lives, before whom I stand, surely there shall be neither dew nor rain these years, except by my word" (1 Kings 17:1).

엘리야는 이전에 다른 곳에서 전혀 알려지지 않은 인물로 갑작스럽게 처음 등장한다. 이런 인물 묘사는 하나님이 보시기에 그만큼 시대적 영적 상황이 급박했음을 암시한다. 하지만 그의 정체성은 분명하다. 그의 이름은 "나의 하나님은 여호와(My God is Yahwah)"라는 뜻이다. 아마 그의 부모님은 경건하여 하나님께 온전히 헌신된 사람이 되도록 이렇게 이름을 지었을 것이다. 이렇게 보면 그는 어려서부터 가정에서 부모님께 신앙교육을 잘 받고 하나님을 경외하도록 훈련을 받았을 것이다. 또한 성장 과정을 통해 하나님이 사역에 부르실 때까지, 하나님과 동행하며 친밀한 교제를 나누었을 것이다. 그리고 그는 아마 부름받기 전에 선지자 공동체에 몸 담아 지도자 역할을 했던 것처럼 보이며, 언제든지 하나님의 부르심에 순종하여 그분의 뜻을 행할 준비가 되어 있었다. 한국어 성경에 '내가 섬기는'에 해당하는 영어 본문은 'before whom I stand'이다. 여기서 'stand'는 상응하는 히브리어에서 야웨 하나님께 '헌신(dedication), 충성(allegiance), 복종(servitude)'을 의미한다.[12] 영적 위기의 시기에 하나님은 당신의 뜻을 그대로 대변할 수 있는 특별하게 헌신된 종을 찾으신다(대하 16:9a).

엘리야의 첫 임무는 생명의 위협을 무릅쓰고 아합 왕을 직접 대면하여 하나님이 주신 메세지를 전달하는 것이었다. "…내 말이 없으면 수 년 동안 비도 이슬도 있지 아니하리라"(왕상 17:1). 어떤 면에서 지금 시대에 말씀을 선포하는 주의 사역자들의 문제는 하

---

12 R. Laird Harris, Gleason L. Archer Jr., and Bruce K. Waltke, eds., *Theological Wordbook of the Old Testament* (Chicago, IL: Moody Press,1980), vol 2, 674.

나님 말씀을 그대로 대변하지 않고 시대의 흐름에 맞추어 희석시키는 것이다. 그래서 영적 어두움 속에 말씀이 그리스도의 빛을 발하는 강도를 현저히 떨어뜨린다. 하지만 엘리야는 왕 앞에서 위험을 무릅쓰고, 가감 없이 하나님의 말씀을 그대로 담대히 선포하였다.

열왕기서는 선지자적 관점에서 이스라엘과 유다 왕들의 통치 역사를 기록하였다. 이 책은 이스라엘과 유다의 번영은 왕과 백성들이 하나님과 맺은 시내산 언약 관계를 얼마나 신실하게 지키는가에 달려있음을 보여준다. 앞서서 모세는 가나안 땅에 들어가는 출애굽 2세 들에게 약속의 땅에서 시내산 언약을 잘 지키도록 훈계하였다:

> "…여호와께서 그의 언약을 너희에게 반포하시고 너희에게 지키라 명령하셨으니 곧 십계명이며 두 돌판에 친히 쓰신 것이라 그 때에 여호와께서 내게 명하사 너희에게 규례와 법도를 교훈하게 하셨나니 이는 너희가 거기로 건너가 받을 땅에서 행하게 하려 하심이니라"(신 4:9-12, 13-14).

이것은 엘리야 시대의 이스라엘에게 그대로 적용되어야 했다. 이런 관점에서 엘리야와 엘리사 기적 이야기는 열왕기서 내에서 일종의 극적인 전환점 역할을 하며 하나님과의 언약 관계를 파괴한 결과가 얼마나 심각한지를 예고하고 있다. 이 시기는 분단된 이스라엘 왕조에서 바알종교의 유입으로 혼합주의(syncretism)가 정점에 달한 시기였다. 디셉 사람 엘리야의 갑작스런 등장은 이러한 이스라엘 영적 위기를 대처하기 위하여 하나님께서 선택하신 특별한 시기의 선지자라는 이미지를 부각시킨다(왕상 17:1).

엘리야 이야기(왕상 17:1-19:21) 서두에, 가뭄(drought)은 문학적으로 매우 중요한 요소로 갈멜산 사건 후 비가 내릴 때까지 상황의 긴장감을 항상 유지하게 한다. 엘리야가 언급한 "비와 이슬"은 이스라엘의 농작물이 물을 공급받을 수 있는 중요한 두 근원이다. 이스라엘은 비가 자주 오지 않아도 이슬이 내려 공급되는 수분이 풍부하다. 하지만 이 둘이 모두 없는 상황은 물의 공급이 완전히 중단되는 것이다.

갈멜산에서 처음에 엘리야가 "너희가 어느 때까지 둘 사이에서 머뭇 머뭇 하려느냐 여호와가 만일 하나님이면 그를 따르고 바알이 만일 하나님이면 그를 따를 지니라"(왕상 18:21)고 백성들에게 도전할 때 그들은 말 한마디 하지 않고 침묵하였다. 이것은 그들이 바알과 하나님 사이에서 혼합주의(syncretism)에 빠진 모습을 여실히 보여주었다. 그들에게는 '하나님이 참신이어도 좋고 바알이어도 좋다'라고 생각하며, 이 둘 사이를 구분할 만한 믿음도 제대로 남아 있지 않았던 것이다. 하지만 엘리야의 기도를 통해 하늘에서 불이 내려 제물을 태웠을 때, 그들은 그 기적에 압도되어 일제히 "여호와, 그는 하나님이시로다. 여호와, 그는 하나님이시로다"라고 고백하였다. 그리고 엘리야의 지시에 따라 여호와께 대한 헌신의 열정으로 바알 선지자를 붙잡아 처형하는 주역들이 되었다. 바알 숭배에서 여호와 유일신 신앙으로 다시 돌이켰음을 보여주는 행동이었다.

엘리야가 갈멜산에서 승리한 것은 혐오스런 혼합주의에 대한 승리이며 엘리야 기적 이야기의 클라이맥스를 이룬다(왕상 17:1-왕하 2:18). 이 승리 사건의 결과로 북이스라엘 백성의 극적인 언약 갱신(covenant renewal)을 가져왔다. 시내산 언약에 따라 다시 율법에 순종하는 선민의 정체성 회복의 실마리가 되었다. 엘리야는 회복과 부흥의 영성을 가진 선지자이다. 또한 당시 심지가 깜박깜박 꺼져가는 이스라엘의 영적 횃불을 다시 환하게 재점화한 선지자라고 할 수 있다.

엘리야 이야기는 인물 묘사를 하는 방법에서 모세와 엘리야 사이에 밀접한 유사점을 보인다. 엘리야의 사명에 대하여 그의 이름의 뜻, "나의 하나님은 여호와(My God is Yahweh)"는 전형적인 인물 캐릭터화(characterization)의 방법이다. 모세의 경우와 마찬가지로 엘리야의 가장 중요한 역할은 하나님과 그의 백성 사이를 중재하는 중보자(mediator)였다. 그의 선지자로서의 역할은 많은 면에서 모세와 유사한 평행을 이루는데, 이는 그가 모세의 선지자 전통을 계승하였다는 것을 보여주는 요소이다.

J. T. Walsh는 본문 상의 두 가지 예를 들어서 엘리야와 모세 사이의 긴밀한 연관성을 지적한다.[13] 먼저 모세와 엘리야는 하나님과 백성의 중보자로서 '(하나님께 좀 더) "가까이 나아가다"("come near" to Yahweh)'라는 공통 어구를 소개한다(출 24:2; 왕상 18:36). 구약에서 하나님께 가까이 나아갈 수 있는 것은 오직 제사장들만의 특권이었다. 다음으로 출애굽기와 열왕기상에서 하나님께서 기적적으로 식량(만나; 까마귀를 통한 음식)을 예비하시는 문맥에서 "아침에도, 저녁에도(in the morning and in the evening)"라는 어구의 정확한 일치(verbal parallel)를 지적한다. 이것은 두 선지자가 하나님께서 초자연적으로 음식의 공급을 공통으로 체험한 것을 가리킨다(왕상 17:6; 출 16:8, 12).

엘리야의 가장 중요한 사명은 백성들에게서 바알 숭배를 제거하고 모세가 확립한 순전한 야웨 유일신 절대신앙(Yahwism)을 회복하는 것이었다. 그는 기본적으로 개혁을 통한 원상 회복을 추구하는 선지자였다. 모세와 같이 엘리야는 오직 여호와 하나님께만 헌신된 대변인(spokesman)이며 메세지 전달자(messenger) 역할을 하는 야웨 절대신앙에 충실한 선지자였다. 이스라엘의 선지자는 하나님의 대변인이다. 하나님이 유용하게 쓰실 수 있는 종은 이

---

13 Walsh, *1 Kings*, 285–86.

런 신앙을 가진 사람이어야 한다. 엘리야와 모세의 유사점 중에서, 두 사람이 호렙산에서 동일하게 겪은대로 하나님을 개인적으로 만나는 체험은 엘리야가 모세를 계승한 선지자라는 것을 보여주는 가장 유력한 증거이다. 모세는 선지자의 대표적 원조(paradigm)이다(왕상 18:36; 삼상 3:9-10; 마 3:1-4; 4:1-2; 신 18:15-18).

이런 면에서 엘리야는 모세의 선지자 전통을 계승한 새로운 모세이다. G. W. Coats는 모세가 이스라엘 백성들을 국가적 차원의 "죽음의 위협에서 생명으로" 건져낸 선지자의 모형이라고 묘사한다(출 15:25-26).[14] 새 모세로서 엘리야는 그가 사렙다 과부의 죽은 아들의 생명을 회복시켰을 때 모세의 선지자 모형을 개인적 차원으로 따른 것처럼 보인다(왕상 17:19-23). 열왕기서의 편집자는 이 두 선지자가 호렙산에서 유사한 경험을 한 것을 연관시키므로 하나님의 왕국 이념과 연결된 중요한 공통적 사명을 의도적으로 부각시키려고 한 것 같다. 특별히, 엘리야가 호렙산에서 머물렀던 동굴(the cave)에 정관사가 있는 것은 그 동굴이 널리 알려진 것이며, 아마도 하나님의 영광이 지나갈 때 모세가 서있던 "반석 틈(the cleft of the rock)" 이었을 것이라는 사실을 암시한다.[15]

---

14 George W. Coats, *The Moses Tradition,* JSOTSup, ed. David J. A. Clines and Philip R. Davies, vol 161 (Sheffield: Sheffield Academic Press, 1993): 436-37.
15 Gene Rice, *A Commentary on the Book of 1 Kings: Nation under God,* ITC, ed. Fredrick Carlson Holmgren and George A. F. Knight (Grand Rapids: Wm. B. Eerdmans Publishing Company, 1990), 158.

선지자 직분 그 자체로 보면 엘리야는 모세보다 좀더 전문적(professional)인 선지자이다. 그의 선지자 사역은 정치적인 것과 분리되었다는 면에서 그러하다. 이렇게 엘리야는 모세의 선지자 전통을 계승하면서도 나름대로 독특하게 발전시켰다. 이스라엘 선지자 전통은 '계승과 발전'이라는 두 틀을 항상 유지한다. 따라서 이스라엘 선지자 전통은 결코 정체된 상태로 머물러 있지 않는다. 엘리야는 선지자(prophet), 설교가(preacher), 개혁가(reformer), 기적을 행하는 사역자(miracle-worker)로 시대적 역할을 한 종교 지도자였다.[16]

엘리야가 처음 등장하는 열왕기상 17:1에서 "내 말이 없으면"이라는 어구는 그의 배타적인 권위가 하나님께로부터 왔으며, 또한 그가 왕에게 파송된 그 분의 대변자임을 가리킨다. 하지만 엘리야의 선지자 활동은 아합 왕으로부터 그가 생명과 죽음을 직면하는 상황을 느낄 만큼 극단적 적대감을 일으켰다(왕상 17:2-7; 왕하 18:10). 믿음의 순종에는 종종 위험이 동반된다. 이런 상황 속에서 엘리야는 도시 생활과는 멀리 떨어져서 지내며 정치적인 권력자들과는 거리를 유지하였다(참고: 왕상 21:20-26). 한 때 예수님도 사역 초기에 생명을 위협하는 유대인들을 피하려고 갈릴리 지방으로 피하신 적이 있었다(요 7:1). 엘리야가 광야에서 지낸 생활은 출애굽 전후 오랜 광야 생활을 했던 모세의 삶을 떠올리게 한다(출

---

[16] Paul R. House, *1, 2 Kings: An Exegetical and Theological Exposition of Holy Scripture*, NAC, ed. E. Ray Clendenen, vol. 8 ([Nashville, TN]: Broadman and Holman Publishers, 1995), 212-13.

2:15-22). 하나님께서 특별하게 쓰신 선지자들은 광야 체험을 하는 경험을 공유한다. 신약의 침례 요한도 예외가 아니었다(막 1:4-6).

모세와 비교하여, 엘리야는 점진적 계시(progressive revelation)의 관점에서 선지자 역할(prophetism)의 발전을 가져왔다(참고: 수 14:1). 고대 이스라엘의 선지자 예언에 대하여 F. M. Cross는 예언 제도의 확립은 이스라엘의 왕권 수립과 거의 동시대에 출현하였다고 주장한다.[17] 다윗과 솔로몬은 여호와께 신실하였다. 다윗의 하나님께 대한 헌신(왕상 1:29-30)은 하나님과 인간 사이에 가장 중요한 중보자(the principal mediator)로서 제사장이나 선지자가 아니라, 왕을 먼저 국가적 언약 대표자로 기대하는 정치적 이념을 보여준다. 다윗 왕이 법궤를 옮겨오는데 주인공 역할을 한 것이나 성전을 완공하였을 때 대제사장이 아니라 솔로몬이 봉헌기도를 한 것은 이스라엘에서는 원래 왕이 언약의 대표자였다는 것을 보여준다(왕상 8:1-66). 이것을 언약에 따른 제사장적 왕권(royal priesthood)이라고 부른다. 왕과 선지자의 권위는 둘 모두 하나님께로부터 온 것이다. 하지만 솔로몬 이후의 거의 모든 왕들이 배역하고 여호와께 충성스럽지 않았다. 그래서 이스라엘 언약의 대변자로서 왕들 보다는 선지자들의 역할이 좀더 결정적으로 중요하였다. 이 같이 엘리야는 하나님과 백성 사이는 물론 하나님

---

17 Frank Moore Cross, *Canaanite Myth and Hebrew Epic* (Cambridge, MA: Harvard University Press, 1973), 223.

과 왕 사이에서 하나님의 말씀을 따라 중보자 역할을 하였다.

엘리야가 하나님과 왕을 중재하는 선지자가 된 것은 어떤 면에서 모세의 모델보다 사무엘의 모델을 더 따랐다. 왜냐하면 사무엘은 왕조의 출범과 함께 출현하였으며 그는 두 왕을 세우는데 중요한 기여를 했기 때문이다. 사무엘은 사울과 다윗을 왕으로 세우는 '킹-메이커' 역할을 한 선지자이다. 사무엘상 7:1-15:35 에서 사무엘은 율법을 어긴 왕을 직면하여 지적하고 심판을 선언한 선지자로 묘사되었다. 아합 왕 앞에서 담대히 하나님 말씀을 선포하는 엘리야의 선지자 역할은 놀라울 정도로 사무엘의 선지자 역할과 유사하다(왕상 17:1; 21:20-26). 이스라엘 선지자 전통에서 사무엘의 위치를 가늠해 보게한다.

사무엘이 제사장직을 수행한 것은 이스라엘의 선지자 역할의 발전을 보이는 면에서 모세와 엘리야 사이에 일종의 다리 역할을 하였다(삼상 3:20; 왕상 22:7; 참고: 삼상 12:17-18, 19). 이 과정을 살펴보면, 선지자들의 역할은 사회-정치적 변화에 부응하여 변화와 발전을 보였다. 전체적으로 왕조 시대(the monarchial period)는 총체적 배교의 시대로서 여호와의 주되심을 점차적으로 거절한 뚜렷한 발자취를 보여준다.[18] 선지자들은 종교 제도나 정치적 제도 밖에 서있으면서 기존 사회 종교 제도에 도전하였다. 그리고 여호와와의 언약에 대한 의무를 지도자와 백성들에게 상기시키는 역할

---

18 J. Lindblom, *Prophecy in Ancient Israel* (Philadelphia: Fortress Press, 1962), 47.

을 하였다. 엘리야는 바로 이런 종류의 선지자였다. 한편, 엘리야나 엘리사는 벧엘과 단에 있었던 송아지 숭배 혼합신앙을 직접 공격하지는 않았다. 이것은 엘리야와 엘리사의 선지자 사명이 바알종교 퇴치에 집중하는 것임을 시사한다. 북이스라엘에서 체계화된 바알종교의 침투는 하나님이 보시기에 그만큼 심각하였다.

기적을 행하는 선지자 (Prophet as a Miracle Worker)

엘리야는 이스라엘 구속사에서 아주 중요한 시기에 기적을 행하는 능력있는 선지자 사역을 통하여 새로운 선지자 운동을 일으켰다(삼상 10:5, 10; 12:17-18; 19:18-24). 엘리야의 선지자 직분의 두 가지 특별한 특징은 하나님 나라를 성취해 가는 그분의 전반적인 왕국 계획(God's overall kingdom design)의 관점에서 순차적으로 이해해야 한다. 사무엘은 이스라엘 선지자 운동의 발전에서 특별한 주목을 받는다. 그래서 어떤 사람은 엘리야 보다 사무엘의 선지자 운동을 더 중요하게 생각한다. 그러나 사무엘과 엘리야의 선지자 운동은 연속적(continuity)이기 보다 불연속적(discontinuity)인 요소가 더 강하다. 기적을 행하는 측면에서 보면 더욱 그러하다.

사무엘은 처음 선지자가 되었을 때 기적을 행하여 그 권위를 인정받지 않고 말씀의 성취로 인정을 받았다(삼상 3:19-20). 그리고 그는 처음에 "선지자(a prophet)"보다는 "선견자(a seer)"라고 불리었다. 이 두 명칭은 서로 바꾸어 쓸 수 있으나, 일반적으로 선견자는 선지자의 초기 명칭으로 간주된다(삼상 9:9; 참고: 삼하: 24:11; 왕하 17:13; 대상 21:9; 25:5; 대하 9:29; 19:2; 사 29:10; 30:10; 암 7:12; 미 3:7). 사무엘은 기적은 행하지 아니하였다. 다만 그의 사역 말미에 하나님께서 그의 간구에 응답하셔서 백성들이 깨우치고 회개하기 위하여 천둥과 비가 내리게 한 기적이 있었다(삼상 12:17-18; 참고: 스 10:9). 한편 엘리야는 기적을 행하는 강력한 선지자 시대를 열고 선지자의 권위를 굳게 세운 역할을 한 것은 분명하다. 대조적으로 이스라엘 밖에서는 이스라엘 선지자에게서 보여진 것과 같이 기적을 행할 수 있는 선지자의 예가 전혀 없었다.[19] 예를 들면 앗시리아가 그렇다. 이런 면에서 기적을 행하는 엘리야의 선지자 직책은 분명히 구별되는 특징으로 주목을 받는다.

엘리야 선지자 직책의 중요한 특징은 하나님과 아주 친밀한 교제와 동행이다. 이것을 '명령과 순종의 관계/모델(a command and compliance relationship/model)'로 부른다.[20] 구약의 기적 이야기

[19] 앗시리아 문헌을 연구하신 달라스신학교 John Hilber 교수와 면담을 통하여 정리한 것이다.
[20] Walsh, 1 Kings, 227, 35. Walsh는 여호와와 그의 종들간에 특별하게 가까운 관계(the uniquely close relationship)를 지적했으나 필자가 이것을 수정 보완하여 이런 관계를 "a command and compliance model"이라고 재정의했다. 예를 들면, 엘리야는 기적을 행할 때 어떤 때는 하나님께 기도하지만 어떤 때는 그런 과정 없이 기적을 명한다. 즉 하나님의 뜻이 곧 선지자의 뜻이고 또한 역으로 선지자의 뜻이 곧 하나님의 뜻인 특징을 보인다. 이것은 모세와 여호수아, 엘리야와 엘리사에게 공통적인 사실이다. 마찬가지로, 예수님과 사도들의 기적 행함도 이 모델을 따른다. D. M. Sharon이 서술한 "The morphological pattern of MIRACLE appears to consist of the element of CHALLENGE, miraculous REASSURACE, and AFFIRMATION"은 위의 요소를 어느 정도 반영하는 것으로 보인다. Sharon은 일련의 기적들이 엘리야와 엘리사가 하나님께서 원하시는 것을 정확하게 예언하는 능력을 지켜주신다고 했다. 이것을 위해 다음을 참조하라: Diane M. Sharon, *Patterns of Destiny: Narrative Structures of Foundation and Doom in the Hebrew Bible*

는 '선지자의 하나님과 독특하게 친밀한 관계'와 '선지자의 기적을 행하는 능력'을 동시에 강조한다. 이것은 모세와 여호수아, 엘리야와 엘리사의 기적 이야기에서 공통적인 사실이다. 엘리야와 엘리사 기적 이야기는 선지자 제도의 상세한 부분에서 다른 시대와 변화를 보인다.

J. Lindblom은 두 종류의 선지자 그룹을 분류한다: 초기 선지자(the primitive)와 고전 선지자(the classical)이다.[21] '초기 선지자'라는 용어는 사무엘서와 열왕기서에 보존된 이스라엘 예언의 초기 단계를 가리켜왔다. 엘리야와 엘리사는 전형적인 초기 단계의 선지자들이며, 많은 동시대의 다른 선지자들과 유사한 선지자적 능력을 공유한다. 이 중에는 예언을 하던 아히야와 미가야가 대표적이다(왕상 14:5-6; 참고: 11:29-39; 22:17). 이 초기 선지자들은 두 그룹으로 다시 나뉘는데 궁중 선지자(court prophets)와 비궁중 선지자(non-court prophets)이다. 나단 선지자는 궁중 선지자였으며, 그의 역할은 사독 등 다른 제사장들과 뚜렷이 구분된다(왕상 1:38-39). 적어도 아합 시대에는 참된 선지자이든지 아니든지 많은 궁중 선지자가 활동하고 있었다(왕상 22:6, 10-12,13-28). De Vries에 의하면, 고전 선지자 이전 시대는 궁중 선지자와 비궁중 선지자 간에 초기의 알력이 있었던 시기였다.[22]

(Winona Lake, IN: Eisenbrauns, 2002), 55, 58.
21 J. Lindblom, *Prophecy in Ancient Israel*, 47, 105.
22 Simon J. De Vries, *Prophet against Prophet: The Role of the Micaiah Narrative (1 Kings) in the Development of Early Prophetic Tradition* (Grand Rapids: Wm. B. Eerdmans Publishing Company, 1978), vii-xi, 149.

엘리야는 자유로운 신분으로 하나님을 대변하는 비궁중 선지자였다. 하지만, 엘리야는 궁중 선지자보다 더 강력한 카리스마스적 권위를 보여주었다. 이런 초기 선지자가 활동하던 BC 9세기로부터 이스라엘에 선지자적 영감이 사라질 때까지, 고전 선지자들(classical prophets)은 각각 이스라엘에서 정경의 한 부분을 기록한 선지자들(the canonical prophets)로 알려졌다(참고: 이사야, 왕상 19:1-20:43; 요나, 왕상 14:25).[23] J. Lindblom에 따르면, 이 두 그룹의 선지자들 사이에 예언을 받는 방법 면에서 유사점 (an affinity)이 있었다. 그 방법들은 진정한 황홀경에 빠짐(active ecstasy), 수동적 황홀경(passive ecstasy), 또는 예시(foreseeing), 예언(foretelling), 투시(clairvoyance) 등의 방법으로 하나님의 계시를 받는 점에서 그러하였다. 그러나 이 두 그룹 선지자의 중요한 차이점은 계시를 받는 횟수(frequency)에 있었다.[24] 하지만 Lindblom이 열거한 선지자들이 예언을 받는 방법에서 황홀경에 빠져 예언을 받는 방법은 이방인 선지자들에게서는 많이 발견되나 구약 선지자 중에는 명확히 발견되지는 않는다(참고: 삼상 10:5-6; 왕하 3:15-19). 예시, 예언, 투시 등의 탁월한 예들은 초기 단계 선지자들과 더 밀접히 관련된 것으로 보인다(왕상 22:17, 19-23). 이러한 초기 선지자들은 여호와께 대하여 특별한 정열(zeal), 열정 (enthusiasm), 충성심(fidelity)을 보였으며, 매우 위협적인 환경

---

23 J. Lindblom, *Prophecy in Ancient Israel*, 105.
24 Ibid., 48-49. 고전 선지자의 특징 중의 하나는 그들 예언의 시대에 관한 정보이다. 왜냐하면 그들의 선지자적 선포는 "정확한 역사적 기능(a precise historical function)"을 가지기 때문이다(암 1:1; 사 6:1; 학 1:1).

속에서 이스라엘 백성과 그들의 믿음을 보존하였다.[25]

BC 9세기에 있었던 엘리야의 선지자 운동은 초기 선지자들의 성격을 규정할 수 있는 것으로 G. Archer는 다음과 같이 말한다. "대개의 경우 그들의 신조는 이스라엘 백성들의 삶에서 동시대의 절규에 대응하는 것으로 정경을 기록한 선지자들이 했던 것 같은 동일한 중요성과 동일한 강도로 앞으로 오는 세대에 대해서도 영향을 미치는 영구한 의미(permanent significance)를 남기지는 못했다."[26] Archer가 초기 선지자들과 고전 선지자들의 차이점을 바르게 지적한 것 같다. 그러나 그가 초기 선지자들이 그들 나름의 상황 속에서의 상대적 중요성을 갖는 사실을 간과한 것처럼 보인다. 예를 들면, 엘리야의 권능있는 선지자 사역은 많은 기적을 동반한 것으로 그후 지속되는 선지자들의 메세지와 그들의 권위를 증명하는 것이었으며, 결국은 고전 선지자들의 선지자 사역의 길을 잘 닦아 놓았다(왕상 17:2). Paul R. House는 이 생각을 확증하며 다음과 같이 설명한다. 열왕기서는 "독자들에게 선지자들(엘리야와 엘리사)의 거대한 영향을 성경 문학에 소개하였고, 이스라엘 과거의 선지자적 해석을 제공하고 이사야, 예레미야, 에스겔과 열두 소선지자들을 위한 길을 예비하였다."[27]

---

[25] Joseph Jensen, *Ethical Dimensions of the Prophets* (Collegeville, MN: Liturgical Press, 2006), 64-65.
[26] Gleason L. Archer Jr., *A Survey of Old Testament Introduction, rev. and exp. ed.* (Chicago, IL: Moody Press, 1994).
[27] Paul R. House, *Old Testament Theology* (Downers Grove, IL: InterVarsity Press, 1978), 232-35.

엘리야의 선지자로서 선포한 말씀과 이에 상응하는 기적들은 백성들에게 강력한 영향을 주었다. 아합 왕조를 군사적 반란으로 멸망시킨 예후는 엘리야가 아합 가문에 대하여 한 예언이 반드시 성취될 것을 믿었다(왕하 10:10). 엘리야의 선지자적 중요성에 관하여 S. Terrien은 하나님께서 선지자의 활동 양식(the prophetic mode)을 "신현현(기적 중심, miracle-centered)에서 선지자적 환상(말씀 중심, word-centered)으로 전환하였다"라고 하였다. 그에 의하면, 이것은 엘리야가 호렙산 동굴에 있을 때 하나님의 세미한 음성을 들은 특별한 경험에 의하여 상징화되었다(왕상 19:11-12; 참고: 출 33:6-7).[28] 이 주장이 타당한 것은 Terrien이 실질적으로 초기 선지자들의 특징들을 고전 선지자들의 특징들로부터 구별해 내었기 때문이다(참고: 암 1:1; 7:1-9; 8:1-3; 9:1-4). 이러한 선지자 활동 양식의 변화에 대하여 G. Rice는 다음과 같이 간략하게 설명한다.

> 여호와께서는 또한 엘리야가 하나님의 임재(the divine presence)하심이 반드시 외견상 감지될 수 있는 표시를 요구하지는 않는다는 것을 이해하기 원하셨다. 하나님의 임재는 눈으로 감지될 수 없이(imperceptibly)도 증거될 수 있고, 오히려 내적으로 영적으로 감지될(perceived) 수 있었다. 이것이 세미하고 작은 음성의 중요성이며 호렙산/시내산 위에서 있었던 처음의(아마 모세 때의) 하나님 자기 계

---

[28] Samuel Terrien, *The Elusive Presence: Toward a New Biblical Theology*, Religious Perspective, ed. Mircea Eliade et al., vol. 26 (New York: Harper & Row Publishers, 1978), 232-35.

시, 즉 신현현(the original theophany)과 비교되고 또 대비되는 점이다. … 이 감지할 수 없는, 그러나 직접적인 하나님의 임재를 경험한 것은 나중에 선지자들과 시편 저자들의 풍부한 영성을 예비하는 길을 준비한 셈이다. 그리고 이 체험은 하나님의 성품 이해에 있어서 획기적 발전(a breakthrough)을 가져왔다. 또한 하나님 임재의 이같은 새로운 방식(this new mode)은 대자연 속에 나타내시는 우주적인 능력(the cosmic forces of nature) 못지 않게 진정으로 실재하며 강력하다. 이것이 바람, 지진, 그리고 불과 세미하고 잔잔한 음성이 병행된(the juxtaposition) 의미라고 할 수 있다.[29]

엘리야의 마지막 중요한 선지자적 사역은 또한 기적이 아니라 세 가지 예언이었다(왕하 13:15-19, 25). 엘리야의 경험에서 보여진 하나님 예언의 계시 방식의 급격한 변화는 엘리야의 시대가 이스라엘 구속사에서 당시의 위기를 대처하며 또한 새로운 시대를 여는 특별한 시기(a strategic moment)였음을 가리킨다. 위대한 선지자 엘리야는 선지자 전통의 결정적 전환점을 이루며 이스라엘 전체 역사에 매우 상징적인 발자취를 남긴다.

엘리야와 엘리사는 둘 모두 강력한 기도와 기적을 행하는 독특한 능력을 소유하였다. 또한 기존의 선지자 공동체와 긴밀한 관계를 유지했다(왕하 2:3, 5, 7). 이들은 당시에 선지자 공동체를 이

---

29 Rice, *1 Kings*, 162. Rice는 또한 다음과 같이 말한다: "갈멜산에서 불이내린 사건 후에 아합과 백성들이 보인 행동은 하나님 능력의 장엄한 현시가 자동적으로 사람들의 마음을 바꾸지는 못한다." (p. 163)

끄는 영적 지도자였던 것으로 보인다(왕하 2:15). 초기 선지자들의 도덕적 기준은 종교 개혁을 추진할 만큼 충분히 높은 기준을 가졌고, 그 사실은 나봇 포도원의 이야기에서 잘 반영되었다(왕상 21:1-29; 참고: 겔 13:1-23; 렘 23:1-40). 이 사실은 엘리야와 엘리사가 오므리 왕조의 반 언약 이념적 성향(the anti-covenant ideology)에 정반대 되는 야웨 절대신앙의 언약 이념(Yahwistic covenant ideology)을 잘 지켰다는 것을 보여준다. 이에 덧붙여서, 엘리야는 하나님과 친밀한 교제를 가지고 순종하는 사역자였다(왕상 17:1). "내가 섬기는 하나님(for whom I stand)"이라는 그의 첫 선지자적 선포는 그의 하나님께 대한 충성심과 온전한 순종을 잘 대변해준다.

제 3 장

엘리사의 기적을 동반한 선지자 사역

제 3 장
엘리사의 기적을 동반한 선지자 사역

　엘리사의 이름은 "나의 하나님은 구원이시다(God is my salvation)"라는 뜻을 지니고 있다. 엘리야의 경우와 같이 그의 이름은 그의 성격을 묘사하는데 중요한 역할을 한다. 이름을 보면 그의 부모는 경건한 신앙인이었으며 그가 하나님을 사랑하고 경외하도록 잘 양육하였을 것이다. 호렙산에서 엘리야는 아벨므홀라에 사는 사밧의 아들 엘리사를 후계자로 삼으라는 계시를 받는다(왕상 19:15-17). 엘리야가 그의 겉옷을 엘리사에게 던짐으로 그를 선택하려고 했을 때 엘리사는 망서림 없이 자신이 하던 일을 즉시 정리하고 그를 따랐다. 그리고 선지자 엘리야의 후계자가 되었다. 엘리사는 아합 왕 말년(874-853 BC)부터 북이스라엘 요아스 왕(798-782 BC) 초반까지 약 60여년간 장기간 사역한 것으로 보인다(왕상 19:19-21; 왕하 9:1-37; 13:14-25). 그러므로 엘리야-엘리사 선지자 시대는 약 80년간 지속되었었다(874-795 BC).

특별한 시대의 선지자 *(Prophet for the Strategic Moment)*

엘리야 사역의 일시적 실패는 모세가 므리바 물가에서 했던 실패의 예와 주제적으로 일치를 이룬다. 그 때에 하나님께서는 그분이 원래 계획하신 일을 마무리하시기 위해 모세의 후계자를 선택하신다(참고: 민 20:10-12; 신 31:14-23; 32:48-51; 34:9). 하나님께서 엘리야의 후계자를 예비하신 것은 그분의 주권적 계획이 그분의 사역을 이루는데 있어서, 인간의 실패에 따라 좌절되지 않는다는 것을 잘 보여준다. J. K. Mead는 '한 선지자가 소명을 받는 내러티브의 양식비평 용어'가 엘리사가 처음 등장하는 내러티브에 잘 어울리지 않는다는 것을 지적한다.[30] 그는 선지자가 하나님께 부름받는 중요한 과정을 생략했다. 이것은 엘리사의 사역이 전혀 새로운 것이 아니라, 단순히 그의 선임자의 후속이라는 것을 보여주는지도 모른다.

엘리사가 두 소로 밭을 가는 일상적인 일을 수행하는 중에 부름받아 특별히 선택된 것은, 이스라엘에 생긴 종교적 위기를 대처하기 위하여 내려진 하나님의 주권적 결심이었다(참고: 암 1:1; 7:14-15). 엘리사에 관한 인물 묘사에서 그가 처음 부름받는 내러티브는 인간애가 가득히 흐르는데, 특히 부모님과 작별의 키스를 하고 부리던 소를 삶아서 사람들에게 나누어주는데서 잘 나타난다.[31] 이

---
30 James K. Mead, " 'Elisha Will Kill' ? The Deuteronomic Rhetoric of Life and Death in the Theology of the Elisha Narrative," (Ph.D. diss., Princeton Theological Seminary, 1999), 51.
31 Ibid., 81.

런 묘사는 엘리사가 장차 백성들 사이에서 치유와 돌봄과 풍부함을 안겨주는 사역을 할 것을 독자들에게 예시한다. 엘리사는 생명을 살리는 선지자이다. 예수님은 아마도 엘리사가 부르심에 즉각 순종하는 사건을 제자들을 교육하려는 목적으로 사용하신 듯 하다(눅 9:62). 여러 면에서 열왕기서 편집자는 엘리사가 엘리야의 후계자가 되는 과정이 여호수아가 모세의 후계자가 되는 과정과 결코 우연일 수 없이 일치한다는 것을 의도적으로 밝히려 한다(왕상 19:19-21; 왕하 2:13-14).

엘리사가 스승 엘리야를 전심으로 따르려고 결심한 것은, 출애굽 후의 므리바 사건 이전부터 모세와 특별한 관계를 가진 여호수아를 생각나게 한다(왕하 2:6; 출 33:9-11; 민 20:13). 엘리사와 여호수아는 모두 동일하게 그들의 선임자들이 떠날 때 뒤에 남겨진 영적 유산을 받았다(왕하 2:13-15; 신 31:23; 34:9). 또한 엘리야와 엘리사가 요단강을 가르고 건넌 사건은 모세가 홍해를 건넌 사건과 여호수아가 요단강을 가르고 건넌 사건을 회상시킨다(참고: 수 4:23). 사역의 계승자로서 엘리사는 여호수아가 그랬던 것처럼 그의 선임자보다 좀더 덜 강력한 지도자로 묘사된다(왕하 2:13-14). W. J. Bergen은 문학적 차원의 묘사에서 엘리사가 하나님으로부터 직접적 육성(direct voice)을 받은 적이 없다는 것을 지적한다.[32]

---

32 Wesley J. Bergen, *Elisha and the End of Prophetism*, Journal for the Study of the Old Testament: Supplement Series, ed. David J. A. Clines and Philip R. Davies, vol. 232 (Sheffield: Sheffield Academic Press, 1997), 175.

여호수아도 출애굽기에서 직접 대화를 나눈 사람은 오직 모세하고 뿐이다(출 32:17). 두 경우 모두 하나님께서 각 시기에 그분의 계획하신 사역을 위해 처음 선택하신 선지자가 후임자들보다 더 우월한 영성과 사명을 지녔음을 암시한다.

엘리사는 선지자로서 중보(prophetic mediation)하는 정치적 리더를 겸했던 모세와 여호수아의 선지자 사역보다 더 전문적인 면이 있다(왕하 2:13-14). 선지자 사역에 더 전념한 것이다. 엘리야와 비교하여, 엘리사가 직면한 사회적 환경은 적대적이지 않았다. 몇 가지 예외적인 경우를 제외하고(참고: 왕하 6:32), 엘리사는 엘리야보다 왕과 백성들과 가까이 지냈으며, 종종 마을에 머물며 가난한 자들과 어려운 자들을 도왔다(왕하 1:9). 엘리야가 갈멜산에서 영적으로 승리한 것은 엘리사의 선지자 사역에 이런 우호적 변화를 가져왔다. 엘리사 사역의 성격은 엘리야의 경우 같이 개혁적(reform)이라기 보다는 대략적으로 치유(healing)라고 할 수 있다. 요단강을 가르고 건넌 후에 그의 초기 사역은 여리고의 쓴 물의 근원을 고치는 것 같이 치유하는 기적 이었다(왕하 2:19-21; 참고: 3:16-17; 4:1-7, 16, 33-36, 38-44; 5:1-27; 6:1-7). 엘리사 기적 이야기를 문학적으로 분석해보면, 그의 사역의 영향은 결코 작지 않았다. D. A. Dorsey는 다음과 같이 언급한다: "열왕기서의 중심부분(왕하 2:1-8:6)은 일종의 고요함(pause)을 보이고 있다. 만일 엘리사의 사역이 없었더라면, 연속적인 북이스라엘과 유다 왕들의 무자비한 살륙과 범죄의 행렬이 거의 중단 없이 이어졌을 것이다."[33] 많은 사건들에 의해서, 엘리사의 기적 이야기는 그가 북이스라엘의 매우 특별한 시기에 엘리야를 계승한 선지자로 다른 이들과 뚜렷히 구별된 선지자(a distinguished prophet)이었음을 묘사한다.

기적을 행하는 선지자 (Prophet as a Miracle Worker)

하나님은 엘리사에게 엘리야가 행했던 것과 동일한 형태의 기적을 행하도록 허용하심으로, 그의 선지자 직분에 합당한 권위(authentication)를 부여하셨다(왕하 2:13-14; 참고: 수 4:14). 엘리사가 행한 죽음(불임)을 생명으로 회복하는 선지자 사역은 하나님과의 친밀한 관계를 강조하는 '명령과 순응 모델(the command-and-compliance model)'을 따르는 것을 보여주며, 엘리야의 경우와 놀라울 만큼 동일한 평행을 보인다(왕상 17:10-24). 다음의 사건이 이것을 잘 보여준다(왕하 4:12-17, 29-37).

수넴 여인의 극진한 섬김에 대한 보답으로, 엘리사는 독립적으로 외견상 기도하는 순서도 없이 직접 그 여인이 아이를 수태할 것을 예언한다. 그리고 그녀는 선지자의 말대로 곧 잉태하여 다음 해

---

33 Dorsey, *The Literary Structure of the Old Testament*, 41.

에 아들을 낳았다(왕하 4:16-17; 참고: 5:10). 자녀가 없었던 수넴 여인의 기쁨이 얼마나 컸겠는가? 하지만 몇 해 지나서 그 아들이 갑자기 죽었고, 수넴 여인은 갈멜산으로 엘리사를 찾아가서 말없이 선지자의 발을 껴안는 행동으로 이 상황을 알린다. 이때 엘리사는 그 아이를 다시 살리려고 두 가지 조처를 취한다. 먼저 사환 게하시에게 일러서 그의 지팡이를 가지고 가서 그 아이 얼굴 위에 놓게 하였다(왕하 4:29-31). 그 다음에는 엘리사 자신이 가서 그 죽은 소년이 뉘어있는 방으로 들어가서 기도하고, 반복적으로 자신의 몸을 누워있는 그 아이 몸 위에 일치되게 펼쳐서 다시 소생하도록 간절히 간구하였다(왕하 4:32-35a). 자기 허리를 아이의 허리에, 자기 눈을 그 아이의 눈에, 입을 그 아이의 입에 대고 게하시가 할 수 없었던 것을 하려고 시도하였다. 이 아이를 살리려는 엘리사의 신실한 노력은 그가 생명의 선지자(the prophet of life)라는 것을 강조한다. 마침내 죽었던 아이가 눈을 떴다. 살아난 것이다. 어머니 수넴 여인은 그 살아난 아이를 돌려 받을 때 엘리사 앞에 엎드려 고개를 숙이므로 그에게 최상의 존경과 감사를 표하였다(왕하 4:36-37). 이 수넴 여인의 행동은 사르밧 과부가 자신의 죽었던 아이가 살아난 후에 엘리야에게 했던 고백과 동일한 것이라고 할 수 있다: "내가 이제야 당신은 하나님의 사람이시요 당신의 입에 있는 여호와의 말씀이 진실한 줄 아노라"(왕상 17:24). 그들은 선지자의 특별한 기적의 결과를 체험하고 그 선지자가 진정 하나님의 사람임을 재확신하게 되었다.

엘리야와 엘리사에 의해 죽은 아이를 다시 살린 사건은 치유하는 주제를 공통으로 가지며, 이스라엘과 이웃 나라 백성들에게 생명을 주시는 능력(life-giving power)에 의해 하나님께서 주권적으로 하시는 특별한 통치를 증거하였다(왕하 17:19-21; 4:29-35). 또한 유사한 이 두 기적은 엘리사가 엘리야의 선지자 직(Elijah's prophetism)을 계승하였으며 기적을 행하는 특별한 선지자적 능력을 지녔음을 강조한다.

엘리사가 사마리아로 돌아가기 전에 엘리야가 기적을 행하였던 갈멜산을 순례한 것은 일종의 내러티브 애날로지(a narrative analogy)로, 엘리사가 엘리야의 선지자 직책을 실제적으로 계승하였다는 것을 암시한다(왕하 2:2; 왕상 18:1-46). 앞에서 나왔던 이 애날로지는 히브리 문학의 한 기법으로, 어떤 관계된 설명을 자세히 하기 보다 두 사건을 겹치게 제시하므로 독자 스스로 그 연관성과 의미를 파악하게 돕는다. 주요 인물의 캐릭터화(characterization)에 있어서, 두 선지자의 서로 뗄 수 없이 밀접한 관계가 특히 강조되고, 나아가 모세-여호수아와 엘리야-엘리사 기적 이야기 사이에 뚜렷이 드러나는 밀접한 연관성을 보이게 한다. 이 사실은 이 두 주요 기적의 시대가 구약에서 특별히 구별된 시대이며, 그 시기에 하나님께서 기적을 행하는 선지자들에 의해서 인간 세계에 명백히 개입(기적)하시는 것을 증거한다.

제 4 장

엘리야와 엘리사의 기적과 이스라엘 역사

제 4 장
엘리야와 엘리사의 기적과 이스라엘 역사

J. T. Walsh는 "열왕기서는 일종의 역사이며 또한 그 안에 역사를 가지고 있다(The Book of Kings is a history and also has a history)"고 했다. 그에 따르면 열왕기서의 완성된 편집본은 많은 역사적 자료들을 포함하고 있다.[34] 열왕기서가 역사라는 것은 이스라엘 왕조 기간 동안 존재했던 실제의 사람들과 그때 일어난 실제의 사건을 묘사하기 위해 기록되었다는 것을 의미한다. 열왕기서 장르는 일종의 역사적 내러티브(a historical narratives)로, 전체적인 구조 안에 역사기술에 중요한 원인과 결과(cause and effect)를 보여주는 사실들을 포함하고 있다. 하나님의 원대하신 계획이 이스라엘 역사 전체에 흐르고 있으므로, 역사의 일부로써 하나님의 기적을 통한 계시는 통시적 관점(a diachronic way)에서 이해해야 하며, 그분을 역사를 주관하시는 주님(the Lord)으로 제시하고 있다.

엘리야와 엘리사 기적들은 이스라엘의 거룩한 역사에서 언약

---

34 Walsh, *1 Kings*, xi. Walsh는 열왕기상 주석을 썼지만, 성격상 그의 주장은 열왕기서 전체에 사실이다.

갱신(the covenant renewals)과 유사하게 하나님의 이스라엘을 위한 구속사에서 개혁적 기능 또는 회복적 기능을 가지고 있다(왕상 18:39; 왕하 11:17; 출 14:1-31; 19:1-24:18; 신 4:32-40; 수 4:1-24). 이같이 엘리야와 엘리사 기적 내러티브는 기적 사건이 이스라엘 역사에 뿌리 깊게 미친 영향을 증거함으로, 기적과 역사 사이에 서로 뗄 수 없는 밀접한 관계를 보여준다. 몇 가지 예를 든다면, 기적과 이스라엘 역사의 일반적 관계(왕상 13:1-34; 왕하 23:1-37), 기적과 언약 갱신(왕상 18:1-46; 말 4:6), 특별한 상황 속에서의 기적(왕하 3:1-27)을 이 논의에 포함시킬 수 있다. 이것들의 논의는 구약에 기록된 기적들에 관하여 그 역사적 사실성을 부인하는 학자들이 생각보다 많기 때문에 매우 중요하다. 그들은 일반적으로 구약 기적들을 신화나 전설 또는 문학적 창작물(허구) 등으로 폄하하려고 한다. 이런 견해는 성경의 역사성을 심하게 훼손할 수 있다.

모세와 여호수아 기적 시대에 비교해 볼 때, 엘리야와 엘리사 시대는 유월절(the Passover) 같은 어떤 민족적 절기(feast)가 새로 제정되지는 않았다. 엘리야와 엘리사 기적 시대에 새로운 절기가 제정되지 않은 것은, 그 당시 하나님의 주된 관심이 단지 출애굽 당시에 제정된 이전의 언약(시내산 언약) 관계를 되살리시려는 원상 회복적이고 개혁적인 것으로 이해될 수 있다. 한편으로는, 이스라엘 선지자 전통에서 계속 이어지는 '계승과 발전'의 맥에서 엘리야와 엘리사 기적 시대는, 시내산 언약(율법) 범위을 넘어서는 매우 상징적 기적과 영적 유산을 다음 세대에 새로운 차원으로 전달하고 있음도 잊지 말아야 한다.

기적과 역사 (Miracle and History)

열왕기서는 하나님은 역사에 관계하시며 때때로 기적적인 방식으로 개입하신다는 확신 속에서 특히 기적이 역사적이며 실제 일어난 사건을 다루고 있다는 것을 강조하고 있다. 예언과 성취라는 신명기적 역사의 안목(deuteronomistic concern)에서, Gerhard von Rad는 역사적 사건과 하나님의 목적의 밀접한 관계가 매우 분명해진다고 주장한다.[35] 열왕기서 편집자는 다음과 같은 역사적 자료를 인용함으로 그 책의 역사적 신뢰성을 높여주고 있다: "솔로몬의 실록"(왕상 11:41), "이스라엘 왕 역대지략"(왕상 14:29-왕하 15:3), "유다 왕 역대지략"(왕상 14:29-왕하 24:5; 참고: 대하 13:22). 더욱이 열왕기서는 선지자 이사야의 역사기록(왕하 18:1-20:21; 사 38:1-39:8)과 다른 두 결론을 짓는 역사적 기록(왕하 25:22-30)을 포함하고 있다. 이러한 역사적 자료들의 존재는 엘리야와 엘리사 기적 내러티브(왕상 16:29-왕하 13:1-25)에 신뢰성을 더해주는데, 왜냐하면 열왕기서 편집자는 그 내러티브를 쓰

---

35 Gerhard von Rad, *Studies in Deuteronomy*, trans. David Stalker, vol 9. Studies in Biblical Theology (Chicago, IL: Henry Regnery Company, 1953), 78-79.

는데도 동일한 역사적 기준을 적용했을 것이기 때문이다. 엘리야와 엘리사 기적 이야기가 신화 또는 전설(myths and legends)이라는 주장에 반박하여, 이러한 기적과 역사에 관한 토의는 참된 역사적 가치와 내러티브에서 기적들의 문맥적 의미를 보여주도록 인도하고 있다.

문학적 분석과 역사적 연대기록에 대한 참조의 관점에서, 유다로부터 온 '하나님의 사람(a man of God)' 사건과 아합의 사건은, 엘리야와 엘리사 기적 내러티브의 저자가 기적을 이스라엘 역사의 한 부분으로 다루고 있다는 두 가지 예를 보여주고 있다. 하나님께 부름받아 유다로부터 벧엘로 온 '하나님의 사람 사건'은 엘리야와 엘리사 기적 내러티브에 좀 멀리서 은은히 연주해주는 서곡(a distant overture) 역할을 하는(왕상 13:1-10, 11-31) 반면에, 아합의 이야기는 바로 가까이서 그 내러티브의 시작 배경이 되는 머릿말(a prelude) 역할을 한다(왕상 16:29-34). 이전에 알려지지 않았던 엘리야 선지자가 갑자기 등장하여 아합 왕에게 경고한 것은, 그가 행한 악이 하나님이 보시기에 매우 급박한 것이었다는 것을 시사한다. 이 두 사건은 주제와 구조에 있어서 서로 일치점을 보인다. 왜냐하면, 둘 모두 예언과 성취(prediction-and-fulfillment)의 구조를 보이므로 위기의 상황에 북이스라엘 왕들의 언약 위반(the covenant violation)과 하나님 말씀의 권위를 강조하는 내용을 함께 다루고 있기 때문이다(왕상 13:2; 왕하 23:16; 수 6:26; 왕상 16:34;

참고: 왕상 13:3, 5).

유다에서 벧엘로 온 무명의 하나님의 사람 이야기를 어떤 선지자적 목적을 기술하기 위한 전설(legend)로 보는 견해가 있다. 하지만, P. T. Reis는 하나님의 사람의 내면적 약점을 분석함으로 그 이야기의 주제로서 "하나님의 정당하심(Vindicating God)"을 제시한다. 그는 벧엘에 있는 노인 선지자는 유다에서 온 선지자가 예언을 거스려 음식을 먹도록 선의로 거짓말을 하였으며, 유다에서 온 선지자의 의무는 하나님께 절대 순종(absolute obedience to God)에 있었다는 것에 초점을 맞춘다.[36] 하나님의 사람의 실수와 거짓말하는 노인 선지자의 비도덕성은 아이러니(irony)를 보인다. 왜냐하면 두 인물 모두 결정적인 실수를 함으로 징계를 받은 것은 하나님 말씀의 참됨(the trustworthiness of God)을 증거하기 때문이다. 이 사건은 단순하지 않고 복잡한 구성을 가지고 있다. R. Simon은 하나님의 사람의 묘사는 그의 인격과 그의 숭고한 사명(his personality and his noble mission) 사이에 긴장감을 보인다고 주장한다.[37] 이 이야기가 전설이나 비유가 아닌 것은 역사적 사건에 기초를 두고 있기 때문이다.

선지자 이름이 밝혀지지 않은 채 무명성(anonymity)을 보이

---

[36] Pamela Tamarkin Reis, *Reading the Lines: A Fresh Look at the Hebrew Bible* (Peabody, MA: Hendrickson Publishers, 2002), 198.
[37] Uriel Simon, "1 Kings 13: A Prophetic Sign—Denial and Persistence," *HUCA* 47 (1976): 81-83, 84.

는 것은 유다에서 온 하나님의 사람 사건(왕상 13:1)이, 엘리야와 엘리사 기적 내러티브와 연결점이 있다는 중요한 실마리를 제공한다.[38] 하나님의 사람을 처음 소개하는 열왕기상 13장은 "보라!"라는 주의를 끄는 말로 시작하며 새로운 주제의 시작을 암시한다. 이 사람이 행한 기적(모펠)은 원어적 의미로 그 사건 배후에 있는 어떤 메세지나 진리를 전달하는 중간 매개체 역할을 한다(왕상 13:1, 2). 그 선지자는 기적을 동반함에 의하여 주의 말씀의 참됨(the veracity)을 증거하고, 그렇게 함으로 여로보암의 우상숭배(Jeroboam's idolatry)에 대적하여 강력한 경고를 전달하고 있다.

유다에서 온 이 선지자는 여호수아 이후 직접 기적을 행할 수 있었다는 점에서, 신명기에서 규정하는 참된 선지자의 기준을 만족시키는 첫 사역자였다(신 13:2; 18:22). 이런 기준에 의하면, 그는 엘리사 보다 앞서서 새로운 선지자 시대를 여는 중요한 선지자가 될 수 있었다. 이런 면에서 이름이 밝혀지지 않은 무명의 선지자로 기록이 된 것은 문학적으로 의미가 깊다. 좀 더 긴 문맥으로 볼 때 그 선지자는 자기보다 약 육십년 후에 등장할 주인공 선지자 엘리야의 위치를 더 높여주는 문학적 보조인물(foil) 역할을 하고 있기 때문이다. 인물의 캐릭터화(characterization)라는 관점에서

---

38 Josephus에 의하면 유다에서 온 하나님의 사람의 이름은 "자돈(Jadon)"이었다(*Ant*. Viii 9). 이 사람의 이름이 요셉푸스 저서에 기록된 것은 그가 역사적으로 사실인 인물이었기 때문일 것이다. 이 선지자와 엘리야와의 관계는 나중에 침례 요한과 예수님과 관계의 모형이 된다. 침례 요한도 자신이 백성들의 주목을 받고 있을 때 오히려 예수님을 높이고 스스로는 기적을 행하지 않아 예수님을 높이는 역할을 하였다(요 3:30; 10:41).

선지자로서 하나님의 사람은 큰 발전이 없이 단순한 성향을 보이는 평범한 인물(flat)이다. 이 선지자는 실제적으로 그렇게 하지는 않았지만, 마음 깊숙한 곳에 여로보암 왕의 치료 댓가를 받고 벧엘의 노인 선지자의 초청을 받아드리고 싶은 어떤 바램을 가지고 있었던 것처럼 보인다. 대조적으로 엘리사는 비슷한 상황 속에서 나아만 장군의 선물을 사심없이 진정으로 거절하였다(왕하 5:16). 이 사건에 의하여 열왕기서 편집자는 유다에서 온 하나님의 사람과 엘리야의 관계성(linkage)을 멀리서 은은한 빛으로 연결시켜 주고(foreshadowed) 있다.

유다로부터 온 하나님의 사람과 아합 왕 시대를 연대기적으로 확인하면, 엘리야 기적 내러티브에 역사적 적절성(historical relevance)을 더해 준다. 북이스라엘 왕조의 시작(BC 931년)과 아합의 통치(874-853 BC)는 이미 잘 알려졌다. 짐작하여 확증할 수 있는 날짜들과 두 왕의 일반적인 정치적 상황을 알면, 왜 그들이 정치적 이유 때문에 하나님을 배반(apostasy)했는가를 알 수 있다. 여로보암 1세의 표현을 빌자면, "보라 너희를 애굽 땅에서 인도하여 올린 너희의 신들이라"고 하여 아론이 시내 광야에서 금송아지를 만들었을 때 이스라엘 백성에게 한 말과 주제적, 어구적으로 일치한다(출 32:4; 왕상 12:26-33). 이것은 여로보암의 죄가 십계명의 첫 두 계명을 범한 심각한 우상숭배라는 것을 의미한다. 이 두 사건은 이스라엘이 배타적으로 오직 야웨만 섬기는 그분과의 언약의 정신(Yahwistic covenant ideal)을 정반대로 거슬러서, 이스라엘이 잘못된 길을 간 구약의 두 시기가 주제적으로 연관성을 갖는다는 것을 잘 설명한다. 아합의 죄는 여로보암의 죄와 유사하나 오히려 더 심각한 면이 있었다. 왜냐하면 그의 이세벨과의 정략 결혼은 잘 정비된 이방 바알종교를 북이스라엘에 들어오게 하여 야웨만 배타적으로 섬기(the exclusive worship of Yahweh)는 이스라엘 신앙을 심각하게 위협했기 때문이다. 이런 의미에서 아합은 북이스라엘 왕 중에서 가장 큰 배교를 한 왕이었다(왕상 16:31-32).

여로보암과 아합은 결국 북이스라엘을 멸망으로 이끈 지속적인 죄를 범하였다(왕상 13:33-34; 16:30; 왕하 17:13-17, 21). 엘리야와 엘리사의 선지자로서의 사역은 두 악한 왕에 의해 대변되는 이스라엘의 죄악된 마음을 하나님께서 다시 돌아오게 하도록 하시려는 그분의 주권적 다스림(God's sovereign ruling)을 증거한 것이었다(참고: 왕상 21:27-29). 엘리야와 엘리사의 기적을 행하는 사역은 선지자가 선포하는 메세지에 권위를 든든하게 확립해 주었다(authenticated the prophetic message, 참고: 왕상 13:32). 열왕기서는 "하나님의 주권과 인간의 책임이라는 병립하는 주제에 관련하여 구속적, 성취적 역사"(redemptive and teleological history)의 책이다.[39] 이 두 왕들은 다윗의 길(the Davidic way)과 정반대로 갔

---

39 R. D. Patterson and Hermann J. Austel, *1 & 2 Kings*, EBC, ed. Frank E. Gaebelein, vol. 4 (Grand Rapids: Zondervan Publishing House, 1998), 9-10.

으며, 반면에 선지자들의 기적들은 그들을 다시 다윗의 길, 즉 야웨와 이상적 언약관계(the ideal)로 돌이키려는 그분의 뜻을 보여준다(왕상 11:38). 다윗의 길은 그가 북이스라엘과 남유다 왕들의 원형적 모범임을 가리킨다.

기적과 언약 (Miracle and Covenant)

엘리야의 선지자 사역은 언약회복과 밀접한 관계를 갖는다. 갈멜산에서의 북이스라엘 백성들의 언약 갱신은 시내산 언약(the Sinaitic Covenant)에 기초하였다(왕상 18:39): "여호와 그는 하나님이시로다 여호와 그는 하나님이시로다." 이스라엘의 이 고백은 하나님께서 이스라엘을 선민으로 선택한 것과 그들의 상응하는 고백, 즉 배타적 유일신 야웨 신앙(monotheistic Yahwism)을 반영한다(출 19:4-6, 8; 24:3, 7-8).

시내산 언약을 체결할 당시에는 이스라엘 백성이 야웨만 유일신으로 섬기는 배타적 절대신앙(Yahwism)에 온전히 헌신되어 있었으며 그분께 온전한 충성(allegiance)을 보였다(출 24:3). 대조적으로 엘리야의 시대는 야웨만 유일신으로 섬기는 배타적 절대신앙이 점차로 위협을 받고 백성들의 혼합신앙(syncretism) 때문에 오히려 쇠퇴하는 상황이었다. 갈멜산 전투를 기록한 열왕기상

18:21-26에서 "머뭇머뭇 하려느냐(limping)"라는 원어는 원래 다리를 저는 사람이 절둑 절둑 하는 모습으로 묘사한 것이었다. 여호와를 섬기면서도 어느 한편을 택하기로 과감히 결단하지 못하고 양 진영을 왔다갔다 하거나, 바알 종교의식에 참여하여 절둑거리는 모양으로 종교적 춤을 추는 것을 풍자한 말이었다.[40] 이것은 아마 엘리야의 언어유희(paronomasia)로 보인다. 이스라엘은 오직 한 신만 섬기는 신앙(henotheism) 외에 다른 선택의 여지가 없었으므로, 엘리야는 백성들에게 야웨와 바알 사이에 분명한 선택을 요구하고 있었다. 갈멜산에서 엘리야가 가져온 언약갱신(covenant renewal)은 개혁적 성격을 가졌는데, 왜냐하면 그것은 시내산 언약에 일치하는 야웨만 유일신으로 섬기는 배타적 절대신앙으로 회귀를 촉구하는 것이었기 때문이었다(왕상 18:39; 출 19:8; 참고: 왕상20:4-6).

갈멜산에서 이스라엘 지파를 상징하는 열 두개의 돌을 세우며 제단을 정비하고 제물을 준비한 것은 언약 갱신을 위한 무대를 마련하는 조처였다. 엘리야의 기도는 그 이야기에서 절정을 이루며 두 가지 중요한 내용을 포함한다(왕상 18:36-39). 그의 기도 속에 "알게 하소서(let it beknown)"라는 말은, 하나님께서 기적적인 방법으로 반드시 응답하실 것이라는 선지자의 간절한 기대가 담겨 있다. 첫째로, 엘리야는 조상들의 하나님께 호소하는데 이것은 여

---

40 NET 625.

호와가 이스라엘과 언약을 맺은 하나님이라는 것을 의미한다(왕상 18:36a). 둘째로, 엘리야는 언약의 하나님께 세 가지를 간구한다: (1) 하나님께서 친히 그분이 이스라엘에 거하시는 유일신이라는 것을 증명해 주시도록(왕상 18:36b), (2) 엘리야가 그분의 종이라는 것(왕상 18:36c), (3) 하나님께서 이스라엘 백성들의 마음을 언약 관계에서 그분께 돌이키게 해달라는 것(왕상 18:37; 참고: 말 4:6) 등이다.

하나님께서 하늘로부터 내린 불은 엘리야의 모든 간구를 담은 "알게 하소서(let it be known)"라는 말에 응답하시는 하나님의 자기 계시, 즉 신현현(a theophany)의 싸인이었다(참고: 출 3:2; 19:18). 그 기적을 통해 야웨는 창조주로서 자신만이 오직 유일한 하나님이라는 것을 증명하셨다(신 4:35; 참고: 사 45:5-6, 18; 44:6; 46:9). 이 유일신 신앙(monotheism)은 또한 "세계가 다 내게 속하였나니"(출 19:4-5; 참고: 20:4-5; 시 50:12)라는 표현에서 보여주는 바와 같이, 시내산 언약의 핵심(the core of the Sinaitic Covenant)이었다. 또한 이 기적은 엘리야가 진정한 야웨의 종이라는 것을 증명하였다(신 18:22). 엘리야의 기도에서 마지막 셋째의 요점은 하나님과 이스라엘 백성들 사이에 언약관계 회복에 관한 것이었다(참고: 말 4:6). 그때 백성들이 거듭 표현한 신앙고백, "여호와, 그는 하나님이시로다"는 엘리야가 간절히 기대했던 바로 언약관계의 회복, 그 자체였다. 왜냐하면 이 반응이야말로 백성들이 시내산에서 맺은 언약에 충성(covenant allegiance)을 재확인하는것 이었기 때문이었다(출 19:8; 24:3). 이와 관련하여 엘리야가 한 말, "모든 이스라엘을 내 앞에 모이게 하소서(assemble all Israel before me)" 또는 "모든 백성이 보고(all the people saw)" 등은 아마도 이스라엘 모든 회중들이 시내산에서 반응한 것의 반영(reminiscence)일 수 있다(왕상 18:19, 39). 이스라엘 백성들이 야웨에게로 돌아선 것은 하나님께서 우상숭배(idolatry)에서 그들을 구원하신 것이며, 그들이 바알 선지자들을 붙잡아 처형한 것은 그들의 새로워진 언약적 충성심을 보여준다(신 13:1-3, 5; 출 24:3; 35:25-29).

그러므로 엘리야의 갈멜산 승리는 언약 갱신을 목표로 한 것이며, 시내산에서 모세에 의하여 중재된 시내산 언약을 상기시킨다(왕상 18:38-39; 출 24:17). 두 산에서 보이신 하나님의 기적을 동반한 자기 계시(presence)와 백성들의 회심의 고백은 이 둘의 상호 관계성(interrelatedness)을 시사한다. 언약적 갱신이 하나님께서 보이신 두 기적과 서로 밀접한 관계를 보인다.

기적과 특별한 상황 (Miracle and Specific Situation)

이스라엘 여호람 왕(852-841 BC)과 유다의 여호사밧 왕(873-

848 BC)이 에돔에 협력을 얻어 이룬 연합군의 모압 공격은, 광야 한 가운데서 물의 부족으로 삶과 죽음의 문제에 직면하였다(왕하 3:16-19). 그러나 하나님께서는 초자연적으로 그들에게 풍성히 마실 물을 공급해주셨다(왕하 3:20). 사실로 믿기 어려운 기적 사건이다. 하지만 열왕기서 편집자는 하나님께서 지리적 환경을 넘어서 초자연적으로 개입하신 사건으로 해석한다. 그 편집자는 이 사건이 새로운 것이 아니라 출애굽 후 이스라엘 광야 생활 중에 일어난 "반석에서 내신 물(water from the rock)"의 주제와 밀접히 연결한 사건으로 이해한다(출 15:22, 27; 민 20:1-3). 이렇게 엘리사의 물을 공급하는 기적은 이스라엘 구속사에서 모세가 광야에서 행한 기적과 내적 상호교차적 연결(an intertextual connection)을 가진다. '모압의 비문'으로도 알려진 메사 스텔라(the Mesha Stela)는 아합 왕의 죽음과 아하시야 왕의 회복 불능의 사고들을 반영하는 당시의 북이스라엘의 혼란 사건과 당시 국제적 환경을 성경 외적인 기록으로 보여주고 있는 귀중한 역사적 자료이다.

"너희가 바람도 보지 못하고 비도 보지 못하되"라는 표현은 물이 초자연적으로 공급될 것을 강조한다(왕하 3:16-17, 20). 이 구절은 전형적 예언과 성취의 모형(prediction-and-fulfillment pattern)을 보여준다. 이 기적으로 엘리사는 하나님의 자비로우신 구원을 보여줌으로 주님의 참된 선지자됨을 증명한다(신 18:22). P. House는 만일 열왕기하의 이러한 본래 구성(original plot)에서 열왕기하 3장의 이 기적을 제거한다면 삶 속에 실제로 역사하시는 하나님이 하실 수 있는 것과, 그의 경쟁자인 바알이 신화(mythology) 속에서만 할 수 있는 것 사이의 전쟁으로부터 이야기를 엉뚱하게 변경시킬 것이라고 주장한다.[41] 모압 골짜기에서 하나님께서 행하신 물을 공급하시는 특별한 기적은, 모세 시대에 하셨던 것과 같은 초자연적 구속이었다(출 17:1-7; 민 20:1-3). 따라서 출애굽 후 광야에서 구속을 베푸신 하나님의 기적이 모압 광야에서 재현된 것으로, 기적이 이스라엘 역사에 한 요소를 이루고 있음을 보게된다. 출애굽과 그 후에 일어났던 기적이 역사적 사실이면, 모압 골짜기를 채운 물의 기적도 역사적 사실이라고 할 수 있다.

그러므로 전쟁터에서 풍성하게 공급된 물의 기적은 출애굽기와 민수기에 있는 백성들의 불평(the murmuring motif)의 주제에서 나타나는 것과 같이, 하나님께서 이루어 가시는 거룩한 구속사(the Heilsgeschichte)의 주제와 연결된다. 하나님께서는 출애굽 후 광야에서 물 때문에 불평하고 거역하는 이스라엘 백성을 용서하시고, 그들이 절실히 필요로 하는 물을 일단 풍성하게 공급해주셨었다. 모세-여호수아와 엘리야-엘리사 기적 이야기는 물을 공통 주제로하는 많은 구속적 기적(many redemptive miracles)들을 포함한다. 생명을 소생시킨 물(life-giving water)의 기적에 의하

---

41 House, *1 & 2 Kings*, 52.

여 여호와의 백성들은 그들의 조상들이 광야에서 가졌던 것과 같은 하나님의 특별한 예비하심을 경험했다. 특별한 상황 속에서 있었던 하나님의 기적적인 구속은 이스라엘 역사와 하나님의 기적 사이에 서로 분리할 수 없는 관계를 증거한다. 구약 학계에 기적의 역사성을 부인하려는 흐름이 강하기 때문에 이 사실은 매우 중요한 의미를 지닌다.

제 5 장

엘리야와 엘리사의 기적이
다음 세대들에게 미친 영향

제 5 장
엘리야와 엘리사의 기적이 다음 세대들에게 미친 영향

모세와 여호수아 기적 이야기에서 출애굽과 홍해 사건은 하나님의 주권적이며 기적적인 구원을 후세대들에게 증거하는데 있어서 이스라엘 역사의 중요한 부분을 차지한다(수 24:5-7; 삿 6:13). 그래서 선지서나 시편에서 출애굽 때의 열 가지 재앙과 홍해를 건넌 사건은 하나님께서 이스라엘 백성을 구원하신 역사적 간증이며 증거로 후 세대에게 전달된다. 엘리야와 엘리사의 기적은 어떠할까? M. Fishbane은 "종교 역사의 위대하고 가장 특징적 요소는 거룩한 교훈들의 계속적인 재해석이 각 (시대의) 문화의 기초가 될 수 있는 것을 믿었던 것이다"라고 말했다.[42] 후세대들이 과거의 각 사건을 다시 취할 때, 하나님께서 원래 개입하신 앞선 기적적 계시의 역사적 전통을 그대로 보존한다. 즉 역사상 국가 공동체가 경험한 기적 사건을 잊지 않고, 그 역사적 사실에 근거하여 후세의 역사를 해석하는 원조로 삼는 것이다.

---

42 Michael Fishbane, *The Garments of Torah: Essays in Biblical Hermeneutics*, Indiana Studies in Biblical Literature, ed. Herbert Marks and Robert Polzin (Bloomington, IN: Indiana University Press, 1989), 3. Fishbane은 또한 다음과 같이 언급했다: " '계시와 전통'은 서로 분리할 수 없이 서로 엉키고 상호 의존적이다. 후 세대의 주해적 확대(또는 전통)는 어떤 대가를 치루더라도 신적 계시의 순서적 우월성(the hierarchical prominence) 서열을 보존한다."

위의 사실은 엘리야와 엘리사 기적의 무게를 평가하는데 빛을 비추어 준다. 왜냐하면 이들이 행한 어떤 기적들은 모세와 여호수아의 기적들이 그러했던 것처럼 후세대의 믿음에 심원한 영향을 미치기 때문이다. 몇몇 시대를 관통하여 영향을 미치는 기적들의 출처(The provenances of some trans-generational miracles)들은, 이스라엘의 후세대 종교적 경험의 발전을 위해 결정적으로 중요한 주제를 제공하는 것이다. 그리고 우리가 지금 연구하고 있는 구약의 두 기적의 시대가 성경신학적(a biblical theology) 관점에서 매우 특별한 시기(the special eras)였다는 것을 시사한다. 다음의 주제들은 이것을 밝혀 줄 것이다.

엘리야의 승천 (The Ascension of Elijah)

엘리야의 승천은 선지자직 계승의 한 부분으로 소개된다. 이 승천은 엘리야 선지자의 지상 사역 종결과 엘리사의 사역 승계를 묘사함으로써, 스승으로부터 제자에게 선지자적 능력과 권위의 전이(the transference of power and authority)가 일어난 것을 시사한다(신 34:9). 엘리야의 승천 직전에 요단강을 가르고 건너는 사건과 그의 승천은 선지자 사역의 계승과 뗄 수 없는 밀접한 연관이 있다.

엘리야의 승천에 대하여 그의 기적 이야기는 당시의 신앙인 그룹 가운데 긴박한 미래의 사건에 호기심을 불러 일으키고 있었다. 즉 벧엘과 길갈에 있던 선지자 공동체 생도의 무리가 하나님께서 그를 하늘로 데려가신다는 것을 알고 있었다(왕하 2:3, 5). 하지만 이 사건이 엘리사의 관점에서는 좀 모호한 양면적 해석(ambivalent interpretation)을 가질 수 있다. 그는 엘리야가 갑자기 승천할 때 이렇게 부르짖는다: "내 아버지여 내 아버지여 이스라엘의 병거와 마병이어!"(왕하 2:12; 참고: 13:14). 이 외침은 무언가 매우 소중한 것을 상실하는 감정을 표출하며 자기 스승이 떠나감에 대한 슬픔을 표현한다. 엘리야의 선지자적 예언과 능력은 실제로 국가로서 이스라엘의 진정한 힘이었다(참고: 왕하 13:14). 한편으로 엘리야의 죽음을 대신하는 승천은 '그의 삶이 아직 완전히 끝난 것은 아니다' 라는 것을 암시하므로 희망을 주고 있다.[43] 말라기 선지자는 엘리야가 이스라엘 백성들의 미래 혼란의 시기에 다시 돌아올 것이 기대된다고 언급하므로, 그가 다시 돌아온다는 지속적 가능성을 일깨운다(말 4:5-6).

엘리야가 하늘의 세계로 옮기운 것은 그가 유대인들의 믿음과 기대 속에서 그들의 마음에 영원히 살아있는 존재로 남아있게 한다. 그는 죽지 않고 살아있다. M. Cogan and H. Tadmor은 "엘리야가 죽음을 보지 않은 것은 그에게 영생의 삶의 질(the quality of

---

[43] Walter Brueggemann, *1 & 2 Kings*, Smyth & Helwys Bible Commentary, ed. Mark K. McElory, vol. 8 (Macon, GA: Smyth & Helwys Publishing, 2000), 300, 303.

eternal life)로 옷을 입혀주는데, 이것은 비록 모세가 선지자의 원조라고 할지라도 죽어서 땅에 묻힌 것과는 현저하게 대비된다"(참고: 신 34:5-6)고 하였다.[44] 이 차이는 하나님의 섭리 속에 죽음에서 생명으로 점점 발전하는 신학을 암시하는지도 모른다. 어떤 면에서 성도들에게 구약에 분명하게 계시되지 않은 부활신앙을 보여주고 있다(참고: 욥 19:25-26).

하나님께서 모세의 무덤과 엘리야의 마지막 종착지를 신비로 남겨두신 것은 결코 우연이 아닐 것이다. 또한 모세와 엘리야가 다같이 구약 선지자의 대표로 예수님과 그분의 죽음을 의논하기 위해 변화산 사건에 참여한 것도 의미심장하다(눅 9:28-36; 마 17:1-8; 막 9:2-8; 참고: 출 24:29-35). 누가복음에 언급된 것 같이 모세와 엘리야가 예수님에게 그분의 출애굽(exodus) 또는 떠남(departure)에 관하여 증거하는 것은 적절하다. 이것은 백성을 구원하는 예수님의 죽음과 하늘로 가심을 암시한다.[45] 이것은 결국 예루살렘에서 성취되었다. 기적을 행하던 세 위대한 선지자 모세, 엘리야, 그리고 예수님은 하나님이 주신 사명을 실현하기 위해 고통이나 죽임을 당한 후의 영광을 함께 경험하는 유사점을 보인다.

신약성경은 엘리야의 사역을 묘사하는 듯 한 요한계시록 11:3-

---

[44] Mordechai Cogan and Hayim Tadmor, *2 Kings: A New Translation with Introduction and Commentary*, AB, ed. William Foxwell Albright and David Noel Freedman, vol. 11 (New York: Doubleday, 1988), 47-48.

[45] Darrell L. Bock, *Luke*, IVP New Testament Commentary Series, ed. Grant R. Osborne, vol 3 (Downers Grove, IL: InterVasity Press, 1994), 173.

13의 한 증인을 그와 같은 성격의 사역으로 특징 짓는다. 엘리야의 승천은 예수님의 부활과 승천을 예시하는 구약의 의미심장한 모형이다. 예수님의 승천 또한 엘리야가 엘리사에게 그랬던 것처럼 제자들에게 상실감과 희망을 동시에 남겨주었다(요 14:5, 18; 16:7; 행 1:11). 이같이 엘리야의 승천은 종말(the end times) 신앙에 풍부한 유산을 제공하는데, 믿는 자의 부활 소망과 예수님 재림의 희망을 동시에 준다는 면에서 그러하다(계 22:20). 엘리야의 승천에 의하여, 그는 종말적 희망의 인물로 꾸준히 남아 있다.[46] 최근에 엘리야에 대한 관심이 높아지는 것은 세상의 종말이 더 가까이 다가왔기 때문일 것이다.

엘리사의 뼈 (The Bones of Elisha)

엘리사의 뼈에 접촉됨을 통하여 한 시체가 살아난 사건은 장례를 지내던 자가 살아나는 놀라운 사건임을 소개함으로, 엘리사 기적 이야기의 전체 구성에 어떤 요소를 첨가한다(왕하 13:21). 이 사건은 엘리사가 이스라엘 왕 요아스에게 그가 죽기 전에 아람의 군사적 위협에 대하여 하나님께서 보호하실 것을 안심시켜 주는 맥락에서 기록되었다. 이 사건은 일반적으로 두 가지 방향으로 해석될 수 있다. 첫째로, 엘리사가 여전히 생명을 살리는 능력이 있

---

[46] Ibid., 173-74.

다는 믿음을 표현하는 사건이며, 그러므로 하나님께서 엘리야의 승천으로 그를 높여준 것같이 엘리사도 존귀하게 하셨다는 것이다. 둘째는 엘리사의 죽음 후에도 하나님께서 생명을 주시는 능력(life-giving power)으로 이스라엘을 위하여 계속적으로 일하고 계심을 보여준다(왕상 17:12-24; 왕하 4:18-37; 참고: 욥 7:9-10, 21; 14:7).

그러면 이 사건이 미래에 이스라엘 백성에 대하여 갖는 좀 더 깊은 의미는 무엇일까? 다음 두 가지 언급이 엘리사의 뼈가 북이스라엘 장래에 대한 상징적 의미를 갖는다는 것을 암시한다. 열왕기서 편집자는 이스라엘과 맺은 여호와의 언약이 엘리사의 죽음 후에도 여전히 유효하다는 것을 언급한다. 또한 이스라엘 요아스 왕이 아람의 하사엘 왕을 세번 격파함을 묘사하므로 엘리사의 예언이 여전히 유효하다는 것을 지적한다(왕하 13:22-25). 이런 맥락에서 열왕기서 편집자는 아브라함 언약(the Abrahamic Covenant)에 연결하여, 하나님이 이스라엘을 긍휼이 여기셔서 아람 왕 하사엘의 군사적 공격 때문에 이스라엘이 결코 멸망하지 않게 하신다는 믿음을 부각시킨다. 이런 언약적 은혜는 엘리사 뼈의 사건이 이스라엘을 그 당시의 아람의 군대로부터 구원하심을 넘어서 좀 더 심원한 의미를 가질 수 있음을 암시한다. 이 언약적 은혜는 여로보암 2세가 여로보암 1세의 길을 따라가 언약을 위반하였음에도 불구하고, 여전히 이스라엘 이전의 큰 영토를 회복한 것과 주의 도우심으로 아람에게 승리한 것에 의해 확인된다(왕하 14:25-27).

J. K. Mead는 연속적으로 묘사된 엘리야의 다른 행동들을 비교하면서, "그의 왕 요아스를 능동적으로 접촉한 것과 그의 시체가 죽은 사람을 수동적으로 접촉한 것"을 설명한다(왕하 13:15-19, 20-21). 그에 의하면 엘리사 사역을 묘사하는 삶과 죽음의 수사학에서 "능동적이든지 수동적이든지 엘리사는 한편으로 적에 대한 승리의 긍정적 결과를 가져올 수 있으며, 다른 한편 생명을 살릴 수 있다"고 했다.[47] T. R. Hobbs도 이 견해에 동의하는 것처럼 보인다. 그는 엘리사의 뼈가 죽은 시체를 살린 것을 "북이스라엘 나라의 부활을 맛보는 것"으로 해석한다(참고: 왕하 14:25-27).[48]

어떤 학자는 엘리사의 뼈의 사건을 에스겔의 환상에서 보여진 마른 뼈들의 사건과 연결을 짓는다(겔 37:1-14). 그러므로 엘리사의 사건이 미래 이스라엘의 부활을 상징하는 것으로 본다. W. Zimmerli는 이에 반대 의견을 갖는다. 그에 의하면 에스겔의 환상은 BC 586년 후의 포로 생활에서 신음하는 공동체에게 직접적으로 주어진 것이다. 그러나 문맥에서 개인의 부활의 개념을 가리키지 않는다.[49] 느슨한 주제적 연결점을 제외하고는, 이 둘의 문맥과 문

---

47 Mead, "'Elisha Will Kill'?," 92-93.
48 T. R. Hobbs, *2 Kings*, WBC, ed. David A Hubbard and Glenn W. Barker, vol. 13 (Waco, TX: Word Books, 1985), 170.
49 Walther Zimmerli, *Ezekiel 2: A Commentary on the Book of the Prophet Ezekiel Chapters 25-48*, trans. James D. Martin, Hermeneia---A Critical and Historical Commentary

학 장르가 다르기 때문에 엘리사의 뼈의 사건과 에스겔의 환상을 연관시키는 것은 쉽지 않다. 전자는 아마도 북이스라엘의 부활을 가리킬지도 모른다. 그러나 후자는 선지적 약속에 따라 바벨론 포로 생활로부터 "통합된 이스라엘(the hose of Israel)"의 부활을 시사한다(겔 37:11-14; 참고: 겔 36:4-28, 36:34-37). 또한 전자는 실제로 일어난 사건이고 후자는 환상이다. 더욱이 엘리사의 이야기에서 뼈가 살아나지 않고 그 뼈에 접촉한 사람이 살아났다.[50] 엘리사의 뼈 사건은 에스겔의 해골 골짜기 환상과 직접적 연관은 없는 것처럼 보인다.

그럼에도 불구하고 한편으로 이런 해석은 부활의 주제에 의하여 미래의 토론에 열려있다고 할 수 있다. 포로 중의 이스라엘 희망을 언급하면서 I. W. Provan은 "만일 과거의 위대한 선지자들과의 접촉이 유지된다면, 그들의 가르침에 순종함으로 죽음은 패배를 당하여 미처 예상하지 못한 부활에 의하여 극복될 수 있을 것이다"라고 한다(참고:겔 37:1-14).[51]

D. G. Bostok은 예수님을 "새 엘리사"로 정의하고 예수님이 엘리사가 장례 지내던 죽은 사람을 살린 것과 같이 죽은 나사로를 무덤에서 살려내어 그분의 최종적이며 가장 주목할만한 기적을 일으

---

on the Bible, ed. Frank Moore Cross et al. (Philadelphia, PA: Fortress Press, 1983), 264-66.
50 James Alman, professor of Dallas Theological Seminary, commented this by sending an email on May 31, 2006.
51 Iain W. Provan, *1 and 2 Kings* (Peabody, MA: Hendrickson Publishers,1995), 230-31.

키셨다고 주장한다.[52] 하나님께서 엘리사를 통하여 일하시던 생명을 주시는 능력(life-giving power)은 예수님에 의하여 무덤에 있던 나사로에게 적용되었고, 그를 살리므로 그의 아들을 통해 약속하신 것 같이 모든 믿는 자에게 동일한 희망을 주고 있다(요 11:15, 25-26). 이 유사한 사건들이 "엘리사와 예수님 사이에 어떤 의미 있는 연관이 혹시 있을까?"하는 궁금증을 일으킨다. 마태는 예수님의 죽음과 부활의 문맥에서 하나님의 생명 세계를 다스리는 능력이 다른 미래의 기적 속에 나타날 것을 상징적으로 보인다: "무덤들이 열리며 자던 성도들의 몸이 많이 일어나되…"(마 27:52). 엘리사 뼈의 사건은 내재된 암시로 정경적 중요성을 제공하는 부활의 주제를 포함하며, 그 대상이 국가이든지 개인이든지 간에 새로운 환경(문화)에 새롭게 재해석 될 수 있는 여지를 남긴다.

엘리사의 음식제공 (Elisha's Feeding)

만나 항아리에서 보여진 하나님이 기적적으로 먹을 것을 공급하시는 주제는, 또한 호렙산으로 가는 도중에 기진맥진했던 엘리야를 먹이시는 사건 속에서 재현되었고(왕상 19:5-8), 엘리사가 가난 중에 굶주려 있던 백명을 기적적으로 먹인 사건 속에서 다시 보여진다(왕하 4:42-44). 엘리사가 적은 분량의 음식으로 약 일백명

---

[52] D. G. Bostok, "Jesus and the New Elisha," *Expository Times 92* (November 1980): 39-41. 그는 또한 *Sirach* 48:13-14를 참고로 언급한다.

을 먹인 사건은, 예수님이 벳새다 언덕에서 오병이어로 많은 무리를 먹인 사건과 주제적 그리고 말 그대로의 암시로 밀접한 연결점을 갖는다(참고: 마 14:15-21; 막 6:41-43; 8:1-9; 눅 9:10-17; 요 6:1-13). 엘리사가 적은 음식을 증식하여 제공한 기적(왕하 4:42-44) 이후에 그런 종류의 기적이 반복된 첫 번의 예로, 예수님이 광야에서 배고픈 무리를 먹인 사건에서 나타났다. 이와 상응하여 다음과 같은 열왕기하의 어구들인 "무리에게 주어 먹게 하라", "먹고 남았더라"(왕하 4:43-44) 등은, 복음서의 "무리에게 나누어 주게 하시니"(눅 9:16), "먹고 남은"(요 6:12-13) 등과 거의 동일한 어구들에 의해 주제적 평행을 이룬다.

예수께서 많은 무리를 먹인 기적에 대하여, 복음서의 모든 저자들은 먼저 음식의 결핍에 대하여 관심을 갖는다(마 9:17; 막 6:37; 눅 9:13; 요 6:14, 58; 참고: 신 8:3). 그 후에 예수님이 음식의 공급자(the source of food)가 되신다는 진리를 제시한다. 복음서 저자들은 예수님의 이러한 음식을 공급하는 기적이 무리들로 하여금 그를 모세-같은(Moses-like) 선지자(요 6:14, 58; 참고: 신 8:3)로 인식하게 한다. 예수께서도 이때 "만나"를 언급하신다. 하지만 그 저자들은 음식의 기적을 일으키는 방식에 관한 구약의 선행사건이 두 사건 사이에 평행하는 구절들을 사용하여 엘리사의 기적과 연관을 시킨다. J. D. Currid는 예수님의 사명이 "기근이 횡행하는 땅에 육신적 영적 부양을 가져온 엘리사 같은(like that of Elisha)"

선지자라는 것을 지적한다.[53]

복음서 저자들은 기적을 사용하시는 하나님의 전체적인 계획을 인식하고 구약과 신약 사이에 존재하는 선지자들을 통한 하나님의 예비하심을 발견하였을 것이다. 그리고 그런 주제적 연결점을 선포하였을 것이다. 후세대들은 이들의 선포를 기초로 신약에 선행하여 일어난 구약의 사건들을 연관시켜서 '엘리야와 엘리사 기적 이야기의 정경적 위치(the locus of the Elijah and Elisha narratives)'가 얼마나 중요한가의 한 예를 성경신학적 관점에서 실제로 보게 된다.

---

53 John D. Currid, "Recognition and Use of Typology in Preaching," *RTR* 53 (September-December 1994): 129.

제 6 장

구약의 두 기적 내러티브의 공통점 관찰

제 6 장
구약의 두 기적 내러티브의 공통점 관찰

모세-여호수아와 엘리야-엘리사 기적 이야기는 많은 면에서 중요한 공통점을 갖는다. 이 사실은 구약의 두 기적 시대가 우연히 존재한 것이 아니라, 하나님의 주권적 섭리 속에 그분의 특별한 뜻을 이루는 결정적 시기였음을 시사한다.

앞에서는 모세와 여호수아 사이의 공통점(parallels)을 그들 각각의 개별적인 면에서 다루고 엘리야와 엘리사 사이에 있는 공통점도 개별적으로 더 주목을 받았다. 이때는 모세-여호수아와 엘리야-엘리사를 선지자 그룹으로서(as prophetic group)의 공통점 탐구는 상대적으로 관심을 많이 기울이지 않았다. 이것을 종합하는 이 장에서는 일부 예외적인 것은 별도로, 개별적 문맥에서 많이 논의 되었던 것을 통합(integrate)하는 것이 필요해보인다.

구약의 두 독특한 기적 시대의 모세-여호수아와 엘리야-엘리사, 두 내러티브는 많은 유사한 공통점들을 드러내주는데, 이것은 이 두 기적 이야기가 다른 시대의 것과는 분명하게 구별됨을 증거한다. 이런 점들을 문학적, 개념적, 그리고 신학적 관점에서 자세히 살펴볼 것이다. 이러한 독특한 공통점들은 열왕기서 편집자가 이 구약의 두 기적 이야기를 연관시켜서, 이스라엘 역사에 매우 중요한 시기에 하나님께서 특별히 직접 개입하셨다는 것을 보여주려고 한다. 또 기적을 행하는선지자 전통이 하나님의 섭리 속에서 계승 또는 발전이 있음을 보인다.

문학적 공통점 (Literary Parallels)

앞에서 논의된 바와 같이, 히엘이 여리고를 재건한 사건은 일종의 내러티브 애날로지(a narrative analogy)로 모세-여호수아와 엘리야-엘리사 기적 이야기를 문학적으로 연결하려는 의도를 보인다(수 6:26; 왕상 16:34). 여호수아가 저주하고 예언한 것을 히엘이 여리고를 재건축하면서 성취하여, 예언과 성취의 모형을 보여준다. 문학적인 연결점과 그 외의 다른 문학적 공통점들은 구약의 대표적 두 기적 내러티브 사이에 내적 상호교차적인 유사성(intertextual similarities)을 증거한다.

동일하게 시간을나타내는 어구의 공통점(a verbal parallels), 예를 들면 "아침에도(in the morning)", "저녁에도(in the evening)"라는 말이 하나님께서 특별히 식량을 준비하시는 것이 모세와 엘리야 모두의 경험 속에서 나타난다: (까마귀들이) "**아침에도**"(떡과 고기를) "**저녁에도**"(떡과 고기를) 가져왔고… (왕상 17:6); (여호와께서) "**저녁에는**"(너희에게 고기를 주어 먹이시고) "**아침에는**"(떡으로 배불리시리니)… (출 16:8, 12). 이 두 문맥 속에 순서는 바뀌었지만 분명한 어구가 반복되는 공통점이 하나님께서 식량을 예비하시는 문맥 속에 나타난다. 엘리야가 그릿 시냇가에서 체험한 기적적인 식량공급(miraculous provision)이 모세와 이스라엘 백성들이 광야에서 방황하면서 만나와 메추라기를 공급받은 사건과 중요한 평행을 이룬다(참고: 민 11:31-35). 두 사건 모두 다른 해결 방법이 없는 위기의 시기에서(in desperate need) 하나님께서 초자연적으로 식량을 공급하신 경우를 증거한다.

이와 유사하게, 엘리야가 호렙산으로 가는 도중에 광야에서 체험한 하나님의 돌보심은 출애굽 후 백성들이 그분을 원망할 동안에, 모세와 이스라엘 백성이 광야에서 체험한 그분의 기적적인 공급하심을 생각나게 한다(왕상 19:3-8; 출 16:8-12). 이런 어구의 일치는 엘리야의 개인적 체험을 모세와 이스라엘 백성들의 경험과 연결하려는 열왕기서 편집자의 의도를 보여준다. 이 두 경우에서, 창조주로서 하나님은 모든 자연을 통제하고 계시는 분으로 자기 백성들이 유사한 삶과 죽음(life-and-death)이 급박하게 느껴지는 상황 속에서 기적적으로 돌보셨다는 것을 나타낸다.

호렙산(시내산)에서 모세의 경험과 엘리야의 경험은 나중에 좀 더 상세히 논의될 필요가 있다. 하지만 두 선지자들의 경험들의 일부는 그들 사이에 어구의 일치(a verbal parallels)를 보인다. 그것의 키워드는 "지나가다(passed by)"인데, 신현현의 형태(a mode of theophany)를 묘사하는 어구의 일치로 구약에서 신현현에 관련되는 한에서는 오직 모세와 엘리야의 공통된 경험들을 묘사하는데만 쓰였다(출 33:18-23; 왕상 19:11-13). 이것은 이들의 매우 특별한 관계를 연결해주는 어구이다. 두 사람의 관계를 연구할 때 놓쳐서는 되지 않는 연결어(catchword)이다.

두 선지자의 경우 모두 선택받은 중보자(mediator)로서의 선지자로 이스라엘 백성이 언약 관계를 깨뜨렸을 때 하나님 앞에 섰다(출 34:18-23; 34:5-9; 왕상 19:11-14). 두 선지자 모두 유사하게 자신의 사명을 수행하다가 실패나 부족함을 경험했는데, 왜냐하면 그들이 백성들을 위해 큰 성취를 이루었음에도 불구하고 그들의 죄가 여전히 계속되었기 때문이었다(출 32:1-6; 왕상 19:2). 따라서 이 둘은 자신의 사명 수행 중에 좌절과 실망에 빠지게 되었다. 이같은 상황에서 두 선지자는 그들의 사명과 이스라엘과 하나님과의 언약관계 재확인을 위해 "특별하고 개인적인 계시"가 필요했을 것이다.[54]

---

[54] Brevard S. Childs, *The Book of Exodus: A Critical Theological Commentary*, OTL, ed. Peter Ackroyd et al. (Louisville, KY: Westminster Press, 1974), 596.

아론이 만든 금송아지 사건 이후에, 모세가 하나님의 영광(the glory of God)을 간구할 때 하나님의 직접적 임재("친히 가심", "the face or presence")를 요청하였는데 하나님 자신이 백성들과 "함께 행하심으로" 모세 자신과 그 백성을 천하 만민 중에서 구별하시기를 원했기 때문이었다(출 33:12-17, 18, 22). 유사하게 엘리야도 백성들이 하나님과의 언약을 버렸으므로, 그분께서 언약적 연합(covenant union) 관계에서 백성들 중에 거하심을 재확인하려고 하였다(왕상 19:10, 14). 각각의 경우에 하나님의 자기 계시, 즉 신현현(theophany)은 선지자들의 요청이나 필요에 하나님께서 은혜롭게 응답하심이었다(출 33:18; 왕상 19:4). 열왕기서 편집자는 호렙산에서 있었던 두 유사한 신현현을 연결하면서, 어구의 일치(passed by)를 사용하므로, 의도적으로 엘리야를 모세와 동일한 선지자로 묘사하려고 한 것처럼 보인다.

호렙산(시내산)에서 두 선지자의 경험과 관련하여, 시간을 나타내는 어구 "사십 주 사십 야(forty days and forty night)"는 두 선지자의 경우에 모두 나오며 서로 약간 다른 문맥의 경우에서 쓰였다. 하지만 아마도 호렙산(시내산)을 묘사하는 좀 더 큰 문맥에서 어구의 일치(a verbal parallel)를 이룰 수 있으며, 두 선지자가 육신을 위한 식량을 지참하지 않고 하나님께 온전히 헌신한 경우를 암시하고 있다(출 34:28; 왕상 19:8).[55] 이 "모형론적

---

55 Terence E. Fretheim, *Exodus*, Int: A Biblical Commentary for Teaching and Preaching, ed. James Luther Mays and Patrick D. Miller (Louisville, KY: John Knox Press, 1991), 299,

(typological)" 어구는 동일한 숫자적 표현 속에서 모세의 첫 호렙산 체류의 반향(the echo)을 엘리야 사건과 연계하여 훨씬 부요한 이야기가 되게 하고 있다.[56] 문학적 공통점(Literary parallels)은 문헌에 이미 내재적으로 자리를 잡고 있는 문헌적 확인점(textual markers)이 될 것이다. 이것을 파악한 열왕기서 편집자는 이러한 두 개의 구약 기적 내러티브 집합체(two OT miracle narrative clusters) 사이에 존재하는 필수적 공통점들을 보게 하기 위하여 독자들을 의도적으로 안내하고 있다.

개념적 공통점 (Conceptual Parallels)

모세-여호수아와 엘리야-엘리사 사이의 많은 개념적 또는 주제적 일치(parallels)가 호칭, 기적, 특별한 경험, 중요한 사건 같은 측면에서 상호 연결점을 보인다. 모세의 사명은 "여호와의 종(the servant of Yahweh)"이라는 명예로운 호칭으로 대변될 수 있는데, 이에 상응하는 엘리야의 경우는 "하나님의 사람(the man of God)"이다(민 12:7; 신 33:1; 수 1:1, 13; 왕상 17:24; 참고: 왕상 18:36). 이 두 호칭 모두 선지자의 명칭으로 간주될 수 있다. 하지만 '기적을 행하는 자(miracle workers)'로서 '하나님의 사람'이

452.
56 Mordchai Cogan, *1 Kings: A New Translation with Introduction and Commentary*, AB, ed. William Foxwell Albright and David Noel Freedman, vol.10 (New York: Doubleday, 2001).

라는 호칭의 특별한 중요성은 엘리야와 엘리사에게 주로 한정된다.

이러한 호칭들이 두 기적 내러티브에서 처음 쓰인 경우는 개념적 평행(conceptual parallel)을 이룬다. 모세에게 이 호칭을 처음 사용한 것은 여호와께서 그를 바다를 가르는 대리인으로 사용하셨을 때인 홍해 횡단 사건 직후이다: "… 백성이 여호와를 경외하며 여호와와 그의 종 모세를 믿었더라"(출 14:31; 참고: 출 4:10; 사 63:12). 엘리야의 호칭을 처음 사용한 것은 하나님께서 그를 사르밧 과부의 죽은 아들을 다시 살리는데 사용하신 직후이다: "… 내가 이제야 당신은 하나님의 사람이시요 당신의 입에 있는 여호와의 말씀이 진실한 줄 아노라"(왕상 17:24). 이 두 경우 모두 그들의 호칭은 기적을 행함으로 그들이 선지자로서 하나님과 특별한 관계에 있음을 확인한 주변 사람들이 사용하였다. 즉, 이 칭호는 두 선지자가 사역을 행할 때 하나님을 대신하여 충성스럽게 행했다는 것과 이스라엘에 대한 하나님의 지도력을 확장(extensions)한 것을 가리킨다. 이 두 선지자와 유사하게 이들의 후계자들인 여호수아와 엘리사의 경우도 서로 평행한 문맥에서 사용되었다(수 24:9; 왕하 4:25; 6:9).

다른 개념적 평행이 시내산에서 모세의 독특한 역할과 갈멜산에서 엘리야의 역할 사이에 관찰된다(출 24:1-18; 왕상 18:1-46).

동사 (여호와께) "가까이 나아오고(come near)"가 모세가 시내산에서 하나님을 만날 때와 엘리야가 불을 내리는 기적을 간구하면서 갈멜산에서 제사를 드리는 여호와의 제단에 "나아가서(come near)"는 개념적 평행을 이룬다(출 24:2; 왕상 18:36). 이 두 경우 모두 모세와 엘리야는 전체 회중 앞에서 하나님께 가까이 나아가도록 허용을 받은 특별히 지정된 중보자였다. "나아가서(come near)"를 의미하는 히브리어 동사는 제사장에게 자주 쓰이는 용어로, 다른 곳에서 하나님께 가까이 갈 수 있는 (백성 중의) 유일한 대표자를 의미할 수 있다(렘 33:21; 참고: 출 30:10). 하지만 이 단어가 모세와 엘리야 경우와 같이 전체 청중의 면전에서 하나님께 가까이 갔던 특별히 지명된 자로서의 선지자를 가리키는 경우는 거의 없다. 공통적인 핵심 동사와 산 위에서의 독특한 중보자 역할을 보면 모세와 엘리야의 상호 연관성(interrelatedness)을 분명하게 해준다. 백성들이 여호와께 일제히 언약을 준수한다는 맹세를 하거나 신앙을 고백한 것은 모세와 엘리야의 중재자적 사역이 가져온 가장 중요한 역할(the pivotal results)이다(출 19:8; 24:3; 왕상 18:39).

모세-여호수아와 엘리야-엘리사에 의하여 행해진 기적들은 여러 방편으로 두 진영간에 연속성(continuity)과 불연속성(discontinuity)을 보여준다. 예를 들면 두 인물의 연결성, 비슷한 수단을 사용하는 것, 기적을 행하는데 있어서 주제적 연결성 등이다. 엘리야와 엘리사가 요단강을 건넌 것(the Jordan crossing)은 공통적인 건넘(crossing)의 주제에 의하여 모세와 여호수아의 경우와 연결하는 전형적 예이다. 또한 한편으로 기적 이야기에서 유사한 사건들에 의하여 기적 시대를 시작하는 자(initiator)와 마무리 하는 자(completer) 사이에 서로 유기적으로 연결을 하고 있다. 이같이 "건넘의 모티프(the crossing motif)"는 중복적 기능을 가지며 이 네 선지자와 관련된 주제 사이에 일관성 있는 연결성을 보이는 역할을 한다.

기적을 행하는 수단(means)에 관하여 엘리사는 가끔 모세의 모델을 따르는 것처럼 보이는데, 예를 들면 어떤 문제를 해결하기 위해 나무 가지를 물에 던지는 경우이다(왕하 6:6; 참고: 출 15:25). 두 선지자의 기적은 모두 물과 연관이 있으며 다같이 하나님의 치유(divine healing)의 주제와 관련이 있다. 이것은 모세-여호수아와 엘리야-엘리사 기적 이야기 사이에 연속성(continuity)과 유사성(similarity)이 있음을 일깨운다. 이 네 선지자에 의해 행해진 많은 기적들은 그들의 공통된 특징이 치유와 구속(healing and redemption)을 포함한다는 면에 있어서 개념적 또는 주제적 평행(parallels)을 갖고 있다.

모세-여호수아와 엘리야-엘리사 사이의 많은 개념적 평행들 중에서 모세와 엘리야의 시내산(호렙산)에서의 공통적인 체험들이 둘 사이에 가장 중요한 평행이며, 또한 이것은 엘리야가 모세의 선지자 직(Mosaic prophetism)을 계승(succession)하였다는 것을 뚜렷하게 증거한다(왕상 18:36; 참고: 삼상 3:9-10; 마 3:1-4; 4:1-2; 신 18:15-18). 두 곳의 본문을 비교하는 다음 도표는 어구적 일치(verbal parallels)는 물론 주제적 평행(thematic parallels)을 보여준다. 이 두 선지자 사이의 이러한 많은 일치들은 결코 우연일 수 없으며, 두 사람을 사용하시는 하나님의 깊으신 섭리와 계획을 성경의 맥 속에 드러내 보인다.

[Table 1]

	평행		시내산 위의 모세	시내산 위의 엘리야
A	풀어야 할 문제		이스라엘 우상숭배 언약을 깨뜨림 (출 32:8)	이스라엘 우상숭배 언약을 깨뜨림 (왕상 19:10)
	독특한 경험		신현현 (theophany; 출 34:5-9)	신현현 (theophany; 왕상 19:11-12)
	의사 전달		God's direct voice 하나님의 육성 (출 34:6-7)	God's direct voice 하나님의 육성 (왕상 19:12)
	명령		우상숭배를 제거하라 (출 34:11-17)	우상숭배를 제거하라 (왕상 19:15-18)
	기다림 (Waite)		<u>Stand</u> on the rock (출 33:21)	<u>Stand</u> on the mountain (왕상 19:11)
	하나님 영광을 직접 보지 못함		God <u>covers</u> Moses "내 손으로 너를 <u>덮었다가</u> ..." (출 33:22)	(Elijah) <u>covers</u> his face "겉옷으로 얼굴을 *가리고* 나가 굴 어귀에 서매..." (왕상 19:13)
B	동일한 어구	숫자	"사십 주 사십 야" (출 34:28; 참고: 출 24:18)	"사십 주 사십 야" (왕상 19:8)
		지나 가심	"passed by" (출 33:19, 22)	"passed by" (왕상 19:11)

이러한 주제적 평행들(the thematic parallels)은 열왕기서 편집자가 엘리야의 선지자 직(prophetism)이 모세의 것을 계승하였음을 의도적으로 보여주고 있다는 사실을 잘 증거한다(참고: 신 4:14; 5:31-33; 왕상 19:10, 14). 이 모든 서술들은 모세와 엘리야 모두 이스라엘의 언약 대표들(the covenant representatives)로 활동하였으며 하나님과 직접 대면했다는 것을 보여주고 있다. 엘리야가 좌절하여 호렙산으로 피신한 것은 하나님이 이스라엘과 맺으신 언약을 재확인하기 위하여 모세가 시내산에서 가졌던 신현현(theophany)을 경험하고 싶은 간절한 열정을 드러내는 것 같다(왕상 19:9-13; 출 32:30-35). 시내산에서 하나님을 직접 대면한 후에 엘리야는 모세가 그 산에 계신 하나님에 의하여 이스라엘에 대한 재위임(recommissioning)을 받은 것과 유사한 방법으로 자기 사명에 대한 새로운 명령을 받았다(왕상 19:15-18, 19-21; 출 34:10-26).

B. S. Childs는 "출애굽기 33장의 마지막 부분(18-23; 참고: 34:5-9)은 이스라엘의 죄 때문에 모세가 중보기도하는 것이 절정을 이루게 하고 이어지는 본문들에서 언약의 회복으로 연결하는 다리(the bridge)를 놓는다"고 했다.[57] 마찬가지로 엘리야가 시내산에서 하나님과 직접 대면한 경험은 그의 계속적인 선지자 사역에서 언약 회복으로 연결하는 다리가 되었다. 이 이야기 서술 전

---

57 Childs, *The Book of Exodus*, 597.

체를 통해서 엘리야 기적 내러티브 기록자는 모세와 관련된 주제들을 창의적으로 사용하였다. 그 결과로 어떤 때는 모세의 전통에 '어구적 유사성(verbal resemblance)'을 얻는 '문학적 암시(literary allusions)'로 엘리야의 사건들을 풍부하고 부요하게 하였다.

엘리사가 엘리야의 후계자가 되는 과정은 여호수아가 모세의 후계자가 되는 과정과 주제적으로 평행을 이룬다(왕상 19:19-21; 왕하 2:13-14). 엘리야의 사명 수행에서 일시적 실수가 모세의 경우와 평행을 이루며, 그로 인해 하나님께서 그분의 원래 계획을 완수할 후계자를 선정하셨다(참고: 민 20:10-20; 신 31:14-23; 32:48-51; 34:9).

[Table 2]

	평 행	엘리사의 선지자 승계	여호수아의 선지자 승계
주 제	선임자와 관계	엘리야와 특별한 관계 (왕하 2:2, 4, 6)	모세와 특별한 관계 (참고: 출 32:17; 33:11)
	호칭	선임자와 동일한 호칭 (왕하 4:25)	선임자와 동일한 호칭 (수 24:9)
	선지자 영적 유산	겉옷과 갑절의 영감 (왕하 2:13)	사명 확인, 안수, 성령충만 (신 31:7-8; 34:9)
	승계 확인 기적	요단강을 가르고 건넘 (왕하 2:14)	요단강을 가르고 건넘 (수 3:1-4:31)

선임자-승계자(predecessor-successor) 관계에 대하여 출애굽기와 열왕기서 기록자들은 모두 각 두 사람 사이의 독특한 상호관계(interrelatedness)를 강조하는 것처럼 보인다. 출애굽기에서 여호수아는 오직 모세하고만 개인적 대화(dialogue)를 하였고(출 32:17), 엘리야가 하나님으로부터 여러 번 직접 응답을 받았던 반면에 엘리사는 한 번도 그분의 직접적 음성(direct voice)를 받지 못했다. 이 두 예는 선임자의 후임자에 대한 우월성뿐만 아니라 그들 사이의 특별한 관계를 설명한다. 여호수아의 모세에 대한 관계는 출애굽기 저자가 중요한 순간(at important moment)에 여호수아가 선임자와 나눈 독특한 대화를 언급함으로, 여호수아가 모세를 승계할 것을 미리 예시해주는(foreshadow) 것처럼 보인다(참고: 출 32:17-18; 33:11).

신학적 공통점 (Theological Parallels)

모세와 엘리야 사이에서 관찰되는 선지자적 전통은 하나님의 왕국 이념(God's kingdom ideal)과 관련하여 신학적 평행을 보인다. 모세와 같이 엘리야는 이스라엘의 거룩한 역사의 위기에 유일신 야웨 배타적 숭배 신앙(Yahwism)을 뒷받침하려는 뜨거운 열정을 품은 충성된 선지자였다(출 32:1-35; 왕상 18:1-46). 갈멜산에서의 이스라엘 백성의 언약 갱신은 조상들이 시내산에서 했던 언약적 맹세(covenant oath)로 되돌아가는 계기가 되었는데, 그 언약의 핵심은 유일신 야웨 배타적 숭배 신앙(Yahwism)이다(출 19:4-6, 8; 24:3, 7-8). 이런 신학적 연결은 매우 중요하지만 이미 앞에서 대부분 언급한 사항들이다. 이러한 연결은 열왕기서 전체의 일관성 있는 모형이며, 하나님의 주권과 신명기적 역사관(the perspective of DtrH)에서 본 이스라엘 역사 사이에 긴밀한 관계를 묘사한다.

요단강을 건넌 후 엘리사의 첫 번째 기적은 여호수아의 저주 내러티브와 평행을 이룬다(왕하 2:19-22; 수 6:26). 선지자가 여리고에서 행한 물을 치유하는 기적(water-healing miracle)은 '문제와 해결(the problem and its solution)'의 형태를 가지고 있다. "물이 나쁘므로 토산이 익지 않고 떨어지나이다"라는 말은 상징적 표현으로 불임(unproductive/barren) 상황이 여리고의 멸망과 여호수아의 저주와 관계가 있다는 것으로 보인다. J. K. Mead는 "엘리사의 '죽음'이라는 용어 사용은 중요한데, 물이 여리고 주민들에게 '죽음을 일으키는 저주'라는 면에서 그러하다"고 했다.[58] 엘리사가 "다시는 죽음이나 열매 맺지 못함이 없을지니라"(왕하 2:21)고 선언한 것은 여호수아에 의해 야기된 이전의 여리고의 저주를 제거했다는 것을 암시한다. 이 사건은 모세와 여호수아 내러티브와 두 겹으로(twofold) 연관이 된다: (1) 신학적 연결이 문제

---

58 Mead, "'Elisha Will Kill'?," 110.

와 해결(the problem and its solution)이라는 관계로 여호수아와 엘리사 사이에 이루어 진다, (2) 일종의 주제적 연결이 엘리사와 모세 사이에 이루어진다. 왜냐하면 엘리사는 모세와 같이 "큰 물을 건넌 것과 연관지어 사용하지 못하는 물을 치유하는" 역할을 했기 때문이다(출 15:22-27).[59]

배타적 유일신 야웨 숭배 신앙(Yahwism)과 관련한 위기의 관점에서, 여로보암 1세의 배교(apostasy)와 북이스라엘 백성의 금송아지 숭배는 출애굽기와 열왕기서를 연결하는 신학적 가교 역할을 한다. 여로보암이 "이스라엘아 이는 너희를 애굽 땅에서 인도하여 올린 너희의 신들이라"고 한 것은 시내산 아래서 아론이 금을 녹여 만든 송아지에 대한 당시 반역적인 이스라엘 백성들의 인식과 어구 일치(a verbal parallel)의 평행을 이룬다(출 32:4; 왕상 12:26-30, 31-33). 이것에 의하여 열왕기서 편집자는 약속의 땅으로 가던 도중에 생긴 이스라엘의 자생적 위기(a spontaneous crisis)가 여로보암 시대에 잘 갖추어진 형태(a systematic form)로 재출현했음을 의미했을 것이다. 또한 Hens-Piazza는 여로보암이 두 송아지를 봉헌한 것은 아론의 죄와 같다고 해석하였다.[60]

하나님은 여로보암 왕이 이방 종교 의식을 거행하는 것을 책망

---

59 Ibid., 109.
60 Gina Hens-Piazza, *1-2 Kings*, Abingdon Old Testament Commentaries, ed. Patrick D. Miller (Nashville, TN: Abingdon Press, 2006), 128-29.

하기 위하여 기적을 행하는 한 무명의 선지자를 보내어 지적하고 북이스라엘 백성들에게 우상숭배를 경고하셨다(왕상 13:1-6). 이런 관점에서 보면 아합의 바알숭배는 이스라엘의 송아지 숭배와 연관을 가질 수 있다. 왜냐하면 하나님은 이스라엘 백성들을 경고하기 위하여 유다로부터 보낸 무명의 선지자 보다 더 강력한 선지자 엘리야를 보내셨기 때문이다. 엘리야의 갑작스런 등장(abrupt entrance)은 모세의 경우와 반대적 평행(an antithetic parallel)을 이루는데, 모세는 하나님께 부름받기 전에 오랜 시간(40년)의 훈련기간을 거쳤기 때문이다. 이 사실은 하나님께서 아합의 정략 결혼으로 북이스라엘에 잘 정비된 바알 숭배종교가 들어왔을 때, 이스라엘의 배타적 유일신 야웨 숭배 신앙(Yahwism)의 위기를 얼마나 다급하게 또는 심각하게 보셨는가를 보여준다. 그러므로 아합의 바알 숭배 신앙은 여로보암 1세의 배교에 의한 이스라엘의 금송아지 숭배와 신학적 평행을 이룬다. 둘 모두 배타적으로 야웨만 섬기는 그분과의 언약 이념(Yahwistic covenant ideal)을 거슬러 정반대의 길을 간 것이었다.

선지자 전통에 관련하여 하나님께서 모세의 무덤과 엘리야의 마지막 종착점(final destination)을 자세히 알리시지 않고, 둘 모두 신비에 싸여 있게 하신 것은 확실히 어떤 뜻이 있으실 것이다. 또한 모세와 엘리야가 모두 구약의 선지자의 대표로서 예수님의 죽음에 대하여 논의하기 위해 변화산에서 예수님과 만나는 사건에 참여한 것도 의미 심장한 일이다(눅 9:28-36; 마 17:1-8; 막 9:2-8; 참고: 출 34:29-35). 변화산에서 이 만남은 예수님의 십자가에서 고난 당하시기 전에 영광 속에서 그분의 메시아적 정체성(messianic identity)을 보여주었다(마 17:9). 모세, 엘리야, 그리고 예수님, 이 세 분은 모두 공통적인 경험을 하셨는데, 각각의 사명을 수행하기 위해 당한 고난 또는 죽음 후의 영광을 얻는 것이었다. 아마도 엘리야와 엘리사 기적 내러티브 기록자는 모세와 여호수아 기적 내러티브와의 놀라울 만큼 뚜렷한 평행점들을 의도적으로 강조했을 것이다. 그 기록자는 이스라엘 역사에서 기적을 사용하시는 하나님의 일관성있는 원대한 계획(God's coherent overarching plan)이 있다는 것을 깨닫고 있었을 것이다.

이 장에서 다룬 내용을 종합해보면 모세-여호수아와 엘리야-엘리사 기적 내러티브들 사이에는 문학적, 개념적, 그리고 신학적인 많은 분명한 공통점들(parallels)이 존재한다는 것을 보여준다. 특히 열왕기서 편집자는 모세-여호수아와 엘리야-엘리사 이야기 사이에 내적 상호교차적 연결(intertextual link)이 있다는 것에 대한 의도적인 강조를 하고 있음을 알려준다.

구약의 두 주요 기적 내러티브는 여호와의 종 모세, 여호수아, 엘리야, 엘리사를 각 기적 시대의 주인공들이며 독특하면서도 공통적 특징들을 많이 공유하는 선지자라고 설명한다. 하나님과 친밀한 교제를 누리며 '명령과 순응의 관계(the command-and compliance relationship with God)'는 기적을 행하던 이 네 선지자는 모두 공통적이다. 하나님과 깊은 교제를 갖는 관계는 영적 지도자들의 중요한 특징이다. 이 선지자들은 공통점이 많은 선지자 직책과 한 시대에 집중적인 기적(clustered miracles)을 행하는 능력을 특별히 소유한 자들이었다.

이 기적 내러티브는 모세를 선지자의 원형(the prophetic prototype)으로 묘사하며 엘리야가 시내산 언약의 본질에 기반을 둔 모세의 선지자직 특징(prophethood)을 물려받았다고 강조한다(출 19-24, 24; 왕상 19:1-21). 하지만 엘리야의 선지자직 특징이 사회적, 정치적 변화(socio-political)에 따라 변화하는 좀 더 발전된 형태임을 보여준다. 이 기적 내러티브들은 이 네 선지자의 역할이 하나님의 왕국의 이상적 이념(God's kingdom ideal)에 결정적으로 중요하다는 것을 시사한다. 그것은 이 네 선지자가 선민 이스라엘 역사의 매우 중요한 시기(for strategic moments)에 대한 하나님의 직접적 개입(interventions)을 증거하는 선택받은 대표자들이었다는 면에서 사실이다. 더욱이 그들의 선지자적 직책과 구속적 기적들은 종말론적으로 메시야적 중요성(messianic significance)을 포함한다.

구약의 이 두 기적 내러티브들은 이 선지자들이 행한 기적과 이스라엘 역사 사이에 통시적 관점(the diachronic approach)에서 서로 뗄 수 없는 관계가 있다고 증거한다. 모세와 여호수아의 많은 기적들은 이스라엘 역사에서 그 후에 일어난 사건들을 해석하는데 원형(archetype)을 제공함에 의하여 이 분야의 기초를 형성하는 기능(formational functions)을 가졌다. 반면에 엘리야와 엘리사의 기적들은 원형, 특별히 시내산 언약(the Sinaitic Covenant)으로 회귀하려는 경향을 보인다는 면에서 개혁적 기능(reformational functions)을 갖는다. 엘리야와 엘리사의 내러티브들이 유월절(the Passover) 같이 이스라엘 역사에 새로운 제도를 새로 제정하지 않았다는 사실은 그들의 기적들이 거룩한 역사(구속사)에서 기본적으로 새로운 역사를 창조하기보다 오히려 기존의 언약 관계 회복을 목적으로하는 개혁적 성격이었음을 암시한다. 이들의 기적들이 이렇게 내적으로 긴밀한 상관성을 가지고 있는 것은 성경신학적으로 관심을 가질만 한 사실이다.

구약의 이 두 기적 내러티브는 정경적인 관점에서 볼 때 이스라엘의 신앙적 발전을 위한 심원한 주제들(profound motifs)을 제공한다. 이 역할에 의하여 강조되는 대상들은 정경의 다른 책에 지속적으로 영향을 주었거나 하나님께서 기적적으로 역사에 개입하시는 사건들의 상기시키는것 들(reminders)이다. 정경적 관점에서 보면, 기적을 사용하시는데 있어서 하나님의 일관성 있고 원대하신 설계(coherent overarching designs)가 있음을 보여주며 그분이 허용하신 기적들이 결코 우발적으로 생긴 신화나 전설 또는 문학적 창작물이 아니라는 것을 증거한다. 이같이 이스라엘 신앙의 기초를 형성하는 심원한 모티프들은 구속사의 주제(the theme of Heilsgeschichte)가 성경 전체를 통하여 일관되게 흐르고 있음을 보여주며, 왜 이런 두 기적의 시기가 성경신학적 관점에서 결정적으로(crucially) 중요한 가를 나타내 준다. 다음은 이 두 기적 시대의 중요한 기능을 정리한 것이다.

[Table 3]

Approach 방법	Moses-Joshua 모세-여호수아	Elijah-Elisha 엘리야-엘리사	Common 공통점
	Function		Significance/ Comment
Diachronic 통시적	Formational Motifs 기초를 형성하는 모티프	Reformational Motifs 회귀적인 개혁적 모티프	두 기적 내러티브 사이에 흐르는 맥의 연속성/ 일관성을 보인다.
Canonical 정경적	Foundational Motifs 기초를 세우는 모티프 (구속의 모형)	Foundational Motifs 기초를 세우는 모티프 (부활의 모형)	각 기적 내러티브는 특별한 기적들에 의하여 각 시대에 새로운 모티프를 제공한다.

이 도표에서 통시적 관점과 정경적 관점은 약간 차이가 있다. 통시적으로 보면, 모세-여호수아 기적 내러티브는 이스라엘 전 역사를 관조할 때 기초를 놓은 성격이 있고, 엘리야-엘리사 내러티브는 그 기초로 되돌이키려는 회귀적 성격이 있다. 신구약 성경을 한 권으로 보는 정경적 관점에서는 이 두 기적 내러티브들이 모

두 이스라엘 구속사에 새로운 기초를 세우는 모티프를 제공하는 것이다. 내러티브들의 묘사에 따른 모세-여호수아 시대는 출애굽과 광야생활의 배경으로 구속의 모형(redemptive model)을 제공하고, 엘리야-엘리사 시대는 부활의 모형(resurrection model)을 제공한다. 이런 점에서 정경적 관점으로 두 내러티브 모두 이스라엘 구속사에서 기초를 세우는 모티프를 제공하도 있다. 이와같이 이 구약의 두 기적 시대는 구약의 다른 기적 시기와는 확연하게 달랐다. 모세-여호수아와 엘리야-엘리사 내러티브는 구약의 두 중요한 시대를 포함하며, 이 둘 사이에 많은 독특한 평행들(unusual parallels)이 있음을 증거한다. 이 사실에 의하여 이 두 기적 시대는 하나님께서 그분의 왕국 이상(His kingdom ideal)을 성취하기 위하여, 한 시기에 집중적으로 일어난 다양한 기적들을 통하여 새로운 심원한 계시들(new, profound revelations)을 전달하신 매우 중요한 시대들(the crucial eras)이었다는 것을 보여준다.

제 7 장

엘리야와 엘리사 기적의 정리

제 7 장
엘리야와 엘리사 기적의 정리

열왕기서는 이스라엘 역사를 솔로몬의 다윗 왕 승계부터 이스라엘 왕조 멸망까지 서술하고 있다(참고: 왕상 9:1-9). 열왕기서의 중앙 부분에 위치한 엘리야와 엘리사 기적 내러티브는 페니키아 바알종교가 북이스라엘을 침입하고 있을 때 하나님께서 오므리 왕조(the Omride royal family)의 우상숭배를 어떻게 대처하셨는가를 서술한다(왕상 16:25-26, 28-34; 18:4).[61] 아합은 언약을 깨뜨린 범죄(covenant violation)에 대하여 가장 책임있는 위치에 있었다. 이런 신앙적 위기에 엘리야와 엘리사에 의해 행해진 기적들은 시내산 언약에 근거한 유일신적 야웨 숭배신앙(Yahwistic monotheism)을 다시 회복하기(re-establish) 위하여 하나님께서 이스라엘의 구속을 위해 직접 개입하신 것을 시사한다. W. Eichrodt는 구약에서 하나님께서 관계하신 기적의 다양한 의미나 가치를 다음과 같이 요약하며, 하나님의 구속 활동(God's redemptive activity)과 밀접한 연결점을 발견한다.

기적은 하나님이 직접 개입하시는 역사의 복합체(the

---

61 Paul R. House, *Old Testament Theology*, 250.

complex)이다. 그래서 기적은 결코 단순히 그 자체만을 위해서 따로 분리되어 일어나지는 않는다… 이같이 기적은 좀 더 하나님 왕국의 위기의 시기들 속에 결정적이며 가시적 역할(decided and visible role)을 한다. 이스라엘 역사 속에서 그러한 기간은 이집트에서의 출애굽, 마술과 세계적 문명화의 탈을 쓴 두로의 바알 숭배의 유혹에 대항하는 엘리야와 엘리사의 갈등의 시기, 당시 세계 지배자였던 산헤립이 예루살렘을 군사적으로 위협한 시기였을 것이다.[62]

언약/선택 (Covenant/Election)

열왕기서에서 세 개의 중요한 언약이 그 신학을 테두리 짓는다: 아브라함 언약, 시내산 언약, 다윗 언약. 이 언약들은 하나님께서 엘리야와 엘리사의 사역을 통해 성취하시려 하는 것으로 보여진다(왕상 18:36; 19:8-18; 왕하 3:14; 왕상 2:3-4; 11:36, 39). "땅(land)", "자손(seed)", "축복(blessing)"으로 대변되는 아브라함 언약(the Abrahamic Covenant)은 여호와께서 이스라엘과 맺은 영원한 언약(an everlasting covenant)이다. 그래서 이 언약은 그분이 심지어 이스라엘이 그분에게 반역을 할 동안에도 아브라함에게 하신 약속을 기억하시게 한다(창 12:1-3; 17:7; 왕상 18:36; 왕하 13:22-23; 참고: 대상 16:16-17). 열왕기서의 편집자는 독자들

---

62 Walther Eichrodt, *Theology of the Old Testament*, trans. J. A. Baker, vol. 2, OTL, ed. Peter Ackroyed et al. (Philadelphia: Westminster Press, 1967), 162-67.

에게 다윗과 솔로몬의 통치 동안에 있었던 이스라엘의 번영은 아브라함 언약의 한 성취라는 것을 상기시키려고 한다(왕상 4:20-21; 8:65; 참고: 대상 18:3; 창 13:14-17; 15:5). 아브라함 언약은 후속적으로 제정되는 다른 언약들(시내산 언약/다윗 언약 등)의 모체가 된다.

북이스라엘과 남유다가 결국 포로 생활을 하게 되었을 때(왕하 17:6; 18:9-11; 15:1-12), 아브라함 언약이 이스라엘과 유다가 한 나라(a nation)로 회복되기 위한 기반이었다(참고: 창 12:1-3; 레 26:42; 신 30:1-5; 왕상 8:33-34, 46-51; 왕하 25:27-30; 렘 32:36-41; 33:14-17; 겔 34:23-24). 다윗 왕가에 대한 하나님의 신실하심이 아브라함을 위해 북이스라엘에게도 신실하심을 확대하셨다.[63]

시내산 언약(the Sinaitic Covenant)은 아브라함 언약에 근거하여 하나님께서 이스라엘을 선택하심을 확정한다(왕상 8:53; 참고: 창 12:3; 15:5-6, 13-14). 시내산 언약에 내재된 상호 책임관계(bilateral relationship) 때문에 이스라엘은 하나님의 왕국이념(God's kingdom ideal)을 성취하기 위한 거룩한 나라로서 그분에게 신실함을 지켜야 할 의무가 있었다. 약속의 땅 가나안은 이런 조건하에 주어졌다. 이같이 열왕기서는 언약적 축복(covenant

---

63 Peter J. Leithart, *1 & 2 Kings*, BTCB, ed. R. R. Reno et al. (Grand Rapids: Brazos Press, 2006), 232.

blessings)이 이스라엘이 여호와께 신실한가 아닌가에 따라서 상황이 달라졌다는 것을 보여준다(참고: 왕상 11:38; 18:18).

엘리야와 엘리사는 모두 북이스라엘이 혼합주의(syncretism)로 기우는 위기 때에 여호와 하나님과 언약관계를 갱신하려고 노력하였다. K. L. Roberts에 따르면, 주전 9세기 선지자 그룹은 몸을 낮게 움크리고 공격하기 위해 접근해오는 바알종교 때문에 이스라엘에 찾아온 종교적 위기를 인식하고 오직 야웨께만 배타적 헌신을 하도록 촉구하였고, 또한 시내산 언약으로 회귀할 것을 일깨웠다. 이런 시도는 갈멜산에서의 언약갱신(covenant renewal)에서 절정을 이루었다.[64] D. B. Garlington은 동일한 생각을 피력하며 다음과 같이 말했다: "모세와 엘리야의 공통의 근거는 율법(the Law)이었다. 모세는 율법의 수여자(Law-giver), 엘리야는 우상으로부터 떠나서 율법으로 다시 돌아올 것을 촉구하였다."[65] 엘리야는 언약 갱신에 의하여 모세의 유일신 신앙(시내산 언약)을 회복하려고 힘쓴 선지자였다.

다윗 언약(the Davidic Covenant)은 분열왕국 동안에 남유다에 초점을 맞추고 있었다(왕상 11:36; 왕하 8:18-19; 19:34; 참고: 14:23-27). 만약 모세가 그 이후에 오는 선지자의 모델이었다

---

[64] Roberts, "Elijah and Ninth Century Israelite Religion," 172-73.
[65] Don B. Galington, "Jesus, the Unique Son of God: Tested and Faithful," *Bsac* 151 (July-September 1994): 291.

면 다윗은 그 뒤에 오는 왕들의 모델이었다(왕상 3:3; 9:4; 11:4, 6, 33, 38; 14:8; 15:3, 5, 11; 왕하 14:3; 16:2; 18:3; 21:7; 22:2). 열왕기서에 따르면 다윗 언약은 언약 이상(covenant ideal)의 원형(prototype)이다. 왜냐하면 그 이상은 만일 북왕국 여로보암과 그의 후계자들이 하나님과 그분의 율법에 신실하기만 했더라면, 그들에게도 적용이 될 수 있었기 때문이다(왕상 11:38). 솔로몬의 범죄 후 아히야 선지자가 여로보암에게 북이스라엘 왕이 될 것을 예언하면서 이렇게 약속한다: "네가 만일 내가 명령한 모든 일에 순종하고 내 길을 행하며 내 눈에 합당한 일을 행하며 내 종 다윗이 행함 같이 내 율례와 명령을 지키면 내가 너와 함께 있어 내가 다윗을 위하여 세운 것 같이 너를 위하여 견고한 집을 세우고 이스라엘을 네게 주리라"(왕상 11:38). 그 때 기회는 누구에게나 공평하게 주어졌었다.

하지만 야웨가 다윗에게 한 약속은 남유다 왕들을 향하신 그분의 긍휼하심에서 중심적으로 지속되었다(왕상 2:4; 8:20, 24-25; 9:5; 11:13, 23, 36; 15:4; 왕하 8:19-20; 19:34; 참고: 13:23; 사 37:35). 열왕기서 편집자는 여호사밧 왕이 그의 아들 여호람을 아합의 가문과 정략결혼시킨 결정적 실수를 지적할 때, 이스라엘 백성들에게 다윗의 언약을 상기시킨다(왕하 8:18-19). 여호사밧 왕은 북이스라엘과 유다를 한 민족으로 연합시키려는 선한 목적을 가졌겠지만 아합 왕가와 혼인관계를 맺은 것은 중대한 실수였다.

이것은 나중에 악한 며느리 아달랴로 인해 다윗 왕가의 대가 끊길 만한 위기를 당한다. 하지만 유다는 기적을 행하는 선지자의 사역이 없어도 바알종교의 도전에 강하게 대항하여 갱신하는 능력과 활기있는 야웨 유일신 신앙을 지켜내었다(왕하 11:1-12:22; 참고 3:14). 편집자에 의하면 이것은 유다에 있는 다윗의 후손들에게 하나님께서 베푸신 언약적 축복의 결과였다(참고: 왕하 8:19; 11:17).

내러티브에 포함되어 있는 기적들
(Miracles in the Narratives)

성경에 있는 기적 하나 하나는 보다 원대하신 하나님의 전체적인 목적을 이루는 한 부분이다. 열왕기서에 있는 기적의 그룹은 그 시대의 사람들에게 하나님의 메세지를 전달하기 위하여 일어났다. 엘리야와 엘리사 내러티브에서 하나님이 허락하신 기적들은 종종 그분의 구속사와 끈끈하게 연결되어 있다. 엘리야와 엘리사와 연관된 기적들은 이스라엘이 영적, 도덕적으로 타락해가는 시기에 하나님의 권능을 증거함으로, 야웨 유일신 신앙에게로 이스라엘 백성들이 전심하여 헌신하도록 북돋우어 주는 결정적 역할을 하였다. 이 두 선지자의 기적을 동반하는 사역은 바알종교에 대한 적대적(polemic) 성격을 보일 뿐만 아니라, 또한 온 세상을 향한 하나님의 왕국 이념에 따른 이스라엘의 신정주의(theocracy)를 회복하기 위한 그분의 특별한 관심을 보였다. 이런 방향에서 이 기간 동안에 하나님께서 기적을 사용하심은 엘리야와 엘리사 내러티브에서 발견되는 그들의 목적(purpose), 분류(classification), 성격(character), 특징들(characteristics)에 관련지어 탐구될 것이다.

1. 기적의 목적 (The Purpose of the Miracles)

엘리야와 엘리사에 의한 기적들의 기본 목적
(The Basic Purpose of Miracles by Elijah and Elisha)

엘리야는 북이스라엘이 페니키아 바알종교(Phoenician Baalism)에 의해 위협을 당하던 위기의 시기 동안에 사역을 하였다. 바알종교는 여로보암 1세가 이미 세워놓은 혼합적인 여호와 숭배 위에 더 심한 것을 하나 더 얹어놓는 셈이었다(왕상 12:28-33; 16:31-32; 참고: 12:28-33; 14:9; 15:27, 34; 16:22, 26, 28-33). 솔로몬이 죽은 후 한 세기가 지나기 전에 야웨 숭배는 만일 상황을 그대로 내버려둔다면 북이스라엘에서 사라져 없어질 운명이었다. 이것은 하나님께서 이스라엘을 통하여 온 세상을 축복하시려는 왕국 계획(God's kingdom ideal)이 그 시대에 좌초될 수도 있었다는 것을 의미한다. 엘리야와 엘리사는 그 시대에 하나님이 택하신 대변인들이었으며, 둘 모두 백성들이 그분과 맺은 언약 관계로 돌아오게 하기 위하여 보냄을 받은 선지자들이었다(왕상 18:36-37; 참고: 18:18; 19:10, 14). 이 시대에 나타난 기적들의 기본적 목적들은 모세와 여호수아에 의해 행해진 기적들의 목적들과 거의 동일하다. 이 기적들의 가장 중요한 목적은 하나님의 메신저들의 권위를 확증해주고(authorize), 그 특별한 시기에 그들의 메세지들이 신뢰받을 수 있게 하도록(authenticate)하는 고유한 역할을 가졌다(참고: 신 18:21-22).

엘리야와 엘리사에 의한 기적들의 특별한 목적
(The Specialized Purpose of Miracles by Elijah and Elisha)

북왕국이 급격한 종교적 타락으로 빠져들고 있었던 와중이었을 때, 엘리야는 갑자기 출현하여 3년동안 가뭄이 들 것을 선언하였다. 이것은 이슬과 비에 대한 전능하신 하나님의 주권적 통제를 보여준 사건이었다(왕상 17:1). J. L. Booth는 엘리야와 엘리사에 의하여 행해진 기적들의 특별화된 목적들을 요소들을 다음과 같이 열거하였다: (1) 바알종교 격퇴, (2) 경건치 않은 것의 심판, (3) 자비를 행함, (4) 이스라엘을 보존하여 계속 그 땅에 거하게 함.[66] Booth가 엘리야와 엘리사가 행한 기적들의 특성화된 목적들에 관하여 중요한 요소들을 제시한 것으로 보인다. 하지만 전체로서 이 두 선지자의 기적들은 야웨 유일신 숭배 신앙(Yahwistic monotheism)을 다시 세우고, 또한 다른 부수적 목적들을 성취하는 목적들을 가졌었다고 볼 수 있다.

---

66 Booth, "The Purpose of Miracles," 98, 117-27.

바알종교가 야기한 북이스라엘의 신앙적 위기는 명백했다. 왜냐하면 가나안의 날씨와 풍요의 신 바알은 이스라엘 백성들에게 매우 매력적이라 야웨를 믿는 신앙과 심각한 갈등을 일으켰으며(왕상 16:31-33; 18:13, 19; 19:10), 이스라엘을 혼합종교(syncretism)로 빠지게 하는 유혹을 하고 있었다(왕상 18:21). 가나안의 어느 역사적 유물에 보면 바알이 한 손에 번개를 일으키는 상징인 곤봉을 들고 있고, 다른 한 손에 땅을 휘젖을 수 있는 상징인 창을 가지고 있다. 또한 그의 발 밑에는 물결 자국이 있어 그가 물 위에 서 있던지 아니면 물을 주관하고 있음을 보여주는 것 같다. 이같이 바알은 번개와 비의 신이요, 풍요를 가져오는 신으로 백성들 사이에 신봉된 신이었다. 농경사회인 가나안에서 이런 바알의 위상은 매우 높을 수 밖에 없었다.

엘리야와 엘리사는 이렇게 허탄한 바알종교를 몰아내고 북이스라엘에 순전한 야웨 유일신 숭배신앙으로 회복되는 것을 목적으로 하였다. 그렇게 함으로 시내산 언약으로 회귀하여 하나님이 다스리시는 이스라엘의 신정정치(theodicy)를 재수립하려고 하였다(출 19:5-6). 이런 복합적 목적이 열왕기서 편집자가 엘리야를 모세와 같은 선지자로 묘사하는 중요한 이유였을 것이다(왕상 19:8-14). 야웨는 바알종교와 싸우셨고 참된 예배자들을 위해 선지자들을 통하여 기적을 행하셨다(왕상 17:1; 왕하 2:1-13:25).

2. 기적의 분류 (Classification of the Miracles)[67]

이 시대의 기적들은 행위자에 따라 다음 두 가지로 분류될 수 있다: (1) 대행자들(agents)에 의한 기적들, (2) 자연적인 방식으로 일어난 기적들.

대행자들에 의해 행해진 기적들 *(Miracles done by agents)*

대행자들에 의해 행해진 기적들은 두 가지 다른 경우에 쓰였다: (1) 하나님께서 직접 개입하신 기적들, (2) 그분이 간접적으로 개입한 기적들. 첫째로, 어떤 기적들은 오직 하나님께서 홀로 직접 개입하셨다. 이런 종류의 기적들은 성격상 장엄하고(majestic), 하나님의 주권과 능력을 강조한다. 예를 들면 하늘로부터 내려온 불은 갈멜산에서 이스라엘 백성이 야웨 유일신 숭배신앙(Yahwism)을 회복하는 전환점을 가져왔다(왕상 18:38). 이 기적은 백성들이 "여호와 그는 하나님이시로다"라고 마음 중심에서부터 우러나 고백할 때 언약 갱신의 중요한 원인이 되었다. 이 후에 아합의 아들 아하시야 왕이 엘리야를 부르러 보낸 군대와 관련하여 하늘로부터

---

[67] 기적의 분류는 여기에 논의 되는 것과 다르게 이루어 질 수 있다. 하지만 기본 전제는 같을 것이다. 예를 들면, H. M. Morris는 두 가지 종류의 기적 형태를 제시한다: (1) miracles of creation and (2) miracles of providence. Miracles of creation are those that supersede the basic laws of nature; and miracles of providence are those that operate within those laws but those that manipulate the timing, location, or rate of natural process. 이것의 참조를위해서는 다음을보라: *Heny Morries Study Bible*, 1090-96.

의 심판의 불 또한 하나님이 직접 행하신 기적이었다(왕하 1:10b, 12b). 하나님이 직접 행하신 기적들은 그들을 지켜보는 사람들 안에 변화를 일으켜 심원한 변화(profound changes)를 가져왔다(왕하 1:13-14; 참고: 왕하 2:11).

둘째로, 하나님의 간접적 개입은 대행자들을 통해 행해진 기적들이다. 세 개의 다른 대행자들이 있다: 천사, 사람, 동물. 엘리야가 요단강 가까이에 있는 그릿 시냇가에 은거할 동안에 하나님은 까마귀를 보내어 음식을 공급하셨다(왕상 17:6; 참고: 왕상20:36). 동물이 기적의 대행자인 좋은 예이다. 반면에 호렙산으로 가는 도중에는 천사가 음식을 가져다 주게 하셨다(왕상 19:6-8). 엘리야와 엘리사는 북이스라엘 오므리 왕조 때에 하나님의 주권적 통치를 보이시기 위해서 인간 대행자를 기적을 위해 사용하셨다. 어떤 경우는 하나님, 천사, 사람 대행자의 연합된 힘을 통하여 기적이 일어나도록 하신 적도 있다(왕하 6:17-18). 이러한 기적들은 하나님의 특별한 목적을 성취하는데 더 강력한 효과를 갖는다. 이러한 세 연합된 힘에 의한 기적들은 하나님께서 자신의 메세지를 전달하시기 위해 활발히 기적을 사용하셨을 시기인 구약의 주요 기적의 시대에만 행해지게 하셨다(참고: 출 14:15-25).

자연적 방법으로 일어나는 기적
(Miracles Occurring in a Natural Way)

최근에 기적이 과학적으로 합리적 설명이 되지 않는다고 거부하는 것에 대하여, 초자연적인 것도 언젠가 과학적으로 탐구되고 설명되어야 한다는 주장이 있다. 왜냐하면 과학은 단지 관찰된 것에 근거한 결론(원리)이기 때문이다.[68] 구약 시대 기적의 인식은 초자연적이냐 자연적이냐 하는 것을 특별히 구별하지 않고 단지 그 사건 자체를 보고, 평상적이고 자연적인 것들(ordinary and natural ones)로부터 예외적이고 초자연적인 것들(extraordinary and supernatural)을 분별하는 문제였다. 첫째로, 초자연적인 기적들은 자연 세계를 다스리시는 하나님 창조적 능력을 강조하며, 그 기적들이 일시적으로 자연계의 법을 거스리는 것으로 보여질 수 있게 한다. 이러한 기적들의 예를 들면 엘리야와 엘리사의 요단강 횡단(왕상 2:8, 14), 사렙다 과부와 수넴 여인 아들들의 죽음에서의 소생(왕상 17:17-24; 왕하 4:20-37), 엘리사의 무덤에서 살아난 사람(왕하 13:20-21), 요단강에서 떠오른 도끼(왕하 6:5-7), 시리아 군대의 눈멀음(왕하 6:18-20) 등이다. 이러한 기적들은 클래스 A등급 기적(class A miracles)이다. 전혀 예상하지 못한 방식으로 마치 하늘에서 무엇이 갑자기 뚝 떨어지는 것 같은 초자연적인 기

---

[68] 이 토론에 대하여 다음 저서를 참조하라: Norman L. Geisler, *Miracles and the Modern Mind: A Defense of Biblical Miracles* (Grand Rapids: Baker Book House, 1992), 43-53. 하나님의 기적을 설명하는데 그 초자연적인 것을 배제하려는 것은 하나님의 무한하신 능력을 제한하는 것이다. 이 논의를 위해 다음을 참조하라: Henry M. Morris III, "Naturalizing the Supernatural," *Acts & Facts* (March 2011): 4-5.

적들이다. 이러한 기적들은 그 당시에 바알이 아니라 하나님께서 인간 세계와 자연 세계를 통제하시는 창조주시라는 것을 강력하게 증거하였다.

둘째로, 성경에서 발견되는 자연적 기적(natural miracles)은 하나님께서 이미 존재하는 물질이나 자연 현상을 활용하셔서 이스라엘 역사에 개입하시는 것들이다. 이런 기적들의 예를 들면 광야에서 까마귀들을 통한 식량 예비(왕상 17:4-6), 오랜 가뭄 후에 비가 내림(왕상 18:41-46), 여리고의 물을 치유함(왕하 2:19-22), 물이 모압 골짜기에 흘러나온 사건(왕하 3:20) 등이다. 이런 기적들은 클래스 C등급 기적(class C miracles)이다. 이런 기적들은 일반적으로 백성들을 언약에 따라 돌보시는 하나님의 사역을 보여주며 주로 필요를 채워주고 생명을 유지하게 하는(sustaining) 기적들이다.

하지만 아직 다른 기적들이 있는데 자연 현상이 일어나는 것을 가속화하거나 증진시키는(speed up or enhance) 형태의 것들이 있다. 자연적인 요소에 초자연적인 요소가 가미되는 성격이 있다. 나아만의 문둥병을 치유한 것(왕하 5:1-19), 그리고 게하시가 그의 문둥병을 이어받은 것(왕하 5:27) 등이 이 범주에 속하는 기적들이다. 이것은 클래스 B등급 기적(class B miracles)으로 분류된다. 이런 치유나 심판적 기적들은 그것을 경험하는 자들에게 하나님의 주권적 능력을 보여주었다. 그러면 예수님이 가나의 혼인잔치에서 물로 포도주를 만든 기적은 어느 범주에 속할까? 아마도 여기 클래스 B등급 기적(class B miracles)으로 분류될 것이다(요 2:7-11). 자연 상태의 물이 초자연적 요소가 가미되어 맛 좋은 포도주로 전혀 새롭게 변화 되었기 때문이다. 일종의 새창조 사건이다(고후 5:17).

엘리야와 엘리사 시대의 기적에 대한 이러한 분류는 다른 기적의 시대나 다른 기적을 행하는 자들이 살펴볼 대상이 될 때마다 중요하다. 바로와 그의 백성들을 대적하여 사용된 열 가지 재앙에서 자연적 기적들(class C and B)은 자연계를 지배하시는 하나님의 우주적 또는 창조적 능력들을 나타내기 위해 주로 사용되었다. 다른 한편, 자연적 기적들(class C and B)은 엘리야의 기적들보다는 엘리사의 기적들에 더 자주 사용되었다. 이 현상은 하나님의 사려 깊으신 계획을 두 방식으로 보여준다고 할 수 있다. 첫째로, 이러한 자연적 기적들은 바알종교에 대항하여 하나님의 창조적 능력을 강조하는 목적이 있다. 그때 그들은 또한 엘리사의 사역이 이스라엘에 새로운 전환점을 가져오는 것이 아니라 하나님께서 엘리야에게 예정하셨던 사역을 계속하는 것이라고 묘사하는 목적이 있다. 어떤 때는 초자연적 그리고 자연적 기적들의 합하는 연결 기적들이 하나님의 메세지를 더 분명하게 하기 위하여 매우 중대한 역할을 하였다(왕상 17:6-7, 16).

3. 기적의 성격 (Character of the Miracles)

기적의 성격들을 살펴보면 기적의 문맥에서의 목표나 역할을 분명하게 알 수 있다. 어떤 경우는 많은 기적들이 그들의 역할에 있어서 단 한 가지에 그치지 않고 복합성 또는 상호연관성(interrelated)을 보이기도 한다. 그러한 역할들은 하나님께서 세우시는 권위에 신뢰를 부여하는 것(divine authorization), 적대적인 것(polemics), 구원(deliverance), 치유(healing) 등이다. 그럼에도 불구하고 각 기적들은 하나님의 세밀하신 계획에 따른 자신의 고유한 특징을 갖는다. 엘리야와 엘리사 시대에 행해진 기적들의 특징은 모세와 여호수아 시대의 것들과 많은 공통점을 갖는다. 그것은 하나님의 왕국 이념의 관점에서 배타적 야웨 유일신 숭배 신앙(Yahwistic monotheism)을 드높이려고 하는 것이었다.

권위에 신뢰를 부여하는 기적 (divine authorization)

하나님께서 권위를 부여하시는 기적들은 하나님이 택하신 종들이 그의 직책과 사명을 수행하도록 하기 위해 메신저로서 신뢰받을 수 있도록 인쳐준다. 엘리야와 엘리사 내러티브에 있는 네 기적들이 이 범주에 속하는 것처럼 보인다(왕상 17:24; 왕하 4:18-37; 2:14; 2:23-25). 어떤 청소년들에게 임한 하나님의 심판은 심판의 기적이지만 또한 하나님께서 권위를 세워주시는 기적이기도 하다

(왕하 2:23-25). 이 사건은 엘리사가 여리고에서 벧엘로 올라가는 도중에 발생하였다. 만일 이 청소년들이 벧엘에서 나온 아이들이라면, 벧엘에 세워진 금송아지 숭배 사원의 존재가 이들의 행동에 영향을 미친 것일 수도 있다. 이 기적이 일어난 장소는 분명하지 않지만 벧엘 가까이에서 일어났다면 아마도 이 기적 해석에 영향을 줄 수도 있다. 엘리야와 엘리사는 바알종교 퇴치에 전념하고 단과 벧엘에 있는 송아지 숭배에 대하여는 직접 언급하지는 않았다. 하지만 이렇게 과도한 심판으로 보이는 이 사건은 간접적으로 이 혼합종교에 관련된 하나님의 진노를 암시했을런지도 모른다. 아마 더 나아가 벧엘에서 송아지를 숭배하는 그 아이들 부모들에게 경고를 주시려고 하셨는지도 모른다.

이 심판하는 기적의 핵심 논제는 선지자나 하나님의 도덕성(morality)에 관한 것이다. 이런 질문이 제기될 수 있다. "왜 두 암콤에 의한 하나님의 심판이 청소년들의 죄의 관점에서 그렇게 심각했는가?" 이 젊은이들이 엘리사를 선지자로 인식했던 것은 분명하다. 그들의 죄는 옷이나 외모에 의해 분명히 구별되는 선지자를 모욕한 것이었다. 그들의 죄의 심각성은 그들이 엘리사가 하나님께 헌신하여 수행한 평생 선지자 사역을 몽땅 위험에 빠뜨릴 수 있었다는데 있었다. 이런 상황에서 하나님은 그 선지자의 권위를 옹호해 주셔야 했다. 왜냐하면 그 선지자는 그분의 대변자였기 때문이다. 그 아이들은 하나님의 메신저들을 적절한 존경과 예의를 갖추어 대하여야 했다(왕하 2:3, 5, 15).

하나님의 종의 권위가 관계되는 곳에서 하나님의 심판이 종종 엄격하다. 왜냐하면 그의 종의 권위에 도전하는 것은 하나님의 주권적 통치를 무시하는 것일 수 있기 때문이다(참고: 왕하 1:9-11, 12-13; 민 16:31-34,35). 하나님께서 권위를 부여하는 기적은 그분이 자기 백성에 대한 권위를 부여한 것을 증거하였다.

대적/경쟁하는 기적 (Divine Polemic)

대적/경쟁하는 기적들은 대적들(opponents)에 대한 공격을 암시하는 것들이다. 엘리야와 엘리사 내러티브에 있는 대부분의 기적들의 이런 성격은 이미 L. Bronner에 의하여 지적이 되었다.[69] 하지만 이들 중에서 엘리야에 의해 산에서 행해진 두 번의 불이 내리는 기적은 분명하게 야웨 유일신 숭배(Yahwism)와 바알종교(Baalism) 사이의 적대적인 양상을 드러내는데(왕상 18:1-46; 왕하 1:9-17), 왜냐하면 그들은 바알의 예상되는 역할을 도전했기 때문이었다. 그러나 그의 말년에 있었던 불의 기적(왕하 1:10, 12)은 심판(judgement), 권위 부여(authorization), 적대하는(polemic) 기적들 같은 복합적 기능을 보인다. 이 사건은 블레셋의 한 도시에 있는 에그론의 신 바알 세붑(Baal-Zebub)과 야웨 사이에 누

---

69 Bronner, *The Stories of Elijah and Elisha*, 49.

가 진정한 주(Lord)인가? 라는 문제로 시작한다(왕하 1:2, 3). 아합의 아들 아하시야가 다락 난간에서 떨어져 중상을 입어 자리에 누웠는데, 그 치유의 가능성을 야웨께가 아니라 바알 세붑에게 물으려고 하였기 때문이다(왕하 1:2). 이같이 처음의 경쟁적 관계는 "주권(lordship)"에 관한 것인데, 결국은 왕과 선지자 사이에 권위에 관한 경쟁으로 갈등을 일으킨다. 아하시야에게 파견받은 처음 두 오십부장에 의해 전달된 왕의 명령적 전언 "내려오소서(go down)"는 바로 이러한 경쟁적 긴장을 대변한다.

바알은 풍요의 신이면서도 폭풍과 번개(thunder and lightning)의 신이다. 천둥과 번개는 바알의 무기였다(참고: 시 29). 아하시야 왕과 선지자의 경쟁적, 적대적 관계에서 반복되는 불의 기적은 그 둘 사이의 권위 경쟁이었다. 불에 의한 심판은 하나님의 관점에서 그 왕의 권위 보다 더 우월한 선지자의 권위를 증거하였다. 더욱이 이 기적은 결국 바알보다 더 위에 계신 야웨의 주권(sovereignty)을 증거한다. 이같이 이 문맥에서 불의 기적은 두 가지 면에서 경쟁적 관계를 보여준다.

오늘날 선교지에서 일어나는 많은 기적들은 선교지의 미신, 샤머니즘, 토속신앙과 영적 싸움이 있는 경쟁적, 도전적 환경을 배경으로 잘 이해할 수 있다. 영적 싸움이 치열한 곳에서 주님은 그분의 종들의 권위와 그들이 선포하는 메세지에 기적을 허락하셔서 힘을 더하여 주신다.

구원의 기적 (Divine Deliverance)

하나님의 구원 또는 보호의 기적들은 곤경이나 위험에 처한 사람들에 대한 그분의 구속사역이다. 이러한 기적들은 엘리야와 엘리사 기적 내러티브에 있는 기적들의 가장 중심적인 것이다. 모압에 대한 세 왕의 연합 군사작전의 사건은 광야에서 물이 없어서 곤경에 빠진 것을 소개한다(왕하 3:9-20). 야웨의 중보자로서(as a mediator of Yahweh) 선지자의 필수적 역할이 그 이야기의 중심 주제이다. 그리고 엘리사의 예언에 따라서 그 골짜기는 에돔 방향으로부터, 즉 전혀 예상하지 않던 근원에서 물이 흘러나와 파놓은 도랑에 가득 채워졌다(왕하 3:17). 이 구원의 기적은 그 연합 군대를 심한 갈증과 죽음의 상태로부터 건져냈다. 이 사건은 이스라엘 백성들의 심한 원망(the extreme murmuring)에 근거한 기적인 "반석에서 솟아난 물(water from the rock)"의 기적을 생각나게 한다(출 17:6-7; 민 20:10-11). 하지만 이번 경우는 단지 원망이나 시험에서가 아니라 전쟁 상태에서 일어난 위기에서의 구원이라는 차이점이 있다. 그리고 그 구원은 선지자를 매개로 주어졌다.

시리아 왕 벤 하닷의 성 포위에 의해 야기된 구원도 또한 하나님께서 구원하시는 기적의 형태이다(왕하 6:24-7:20). 굶주려 자기 아이를 잡아먹은 사건(cannibalism)을 포함하여 그 성중에 일어난 심한 기근의 증거는 엘리사가 예언한 것 같이 하나님의 초자연적인 개입이 가져온 나중의 풍요와 깜짝 놀랄만한 대비를 이룬다(왕하 6:25, 26-29; 7:1, 16). 갑작스런 시리아 군대의 야밤 도주와 그들이 수없이 버리고 간 군수품의 결과로, 기근으로 인한 심한 굶주림이 하룻밤 사이에 주체할 수 없는 풍요의 상황으로 바뀌었다. 이 구원의 기적은 엘리사의 두 예언에 상응하는 이중 성취(double fulfillments)가 특징이다(왕하 7:1, 16; 17-20). 선지자 말들의 성취는 하나님에 의한 구원 기적의 개념을 강조한다(왕하 7:16). 아마도 이 두 구원의 기적들은 엘리사가 생명의 선지자(the prophet of life), 즉 죽음으로부터 생명을 가져오는 선지자라는 것을 보여주었을 것이다. 구원의 기적은 이스라엘을 심한 곤경이나 적들로부터 구원하실 수 있다는 면에서 하나님의 주권적 주되심과 그분의 비교할 수 없는 탁월함(Yahweh's sovereign lordship and His incomparability)을 강조하였다.

전시의 기적 (Divine Exhibition)

하나님이 행하시는 전시의 기적들은 그분이 어떤 특별한 뜻을 나타내고자 하실 때 자연계나 즉각적 힘을 가진 비생명체 위에 지배하시는 능력(God's dominating power)을 강조한다. 엘리야에게 보내신 중량감 있는 신현현(God's massive theophany)은 모세와 같은 차원(a personal revelation of Moses-like dimension)의 개인적 계시로서 묘사되는데, 모세의 시내산에서의 체험과 매우 유사한 평행을 보여주었다(참고: 출 33:21-23). 열왕기상 19:11-12에서 일련의 산사태를 일으킨 강한 바람, 지진, 불은 하나님의 강하신 능력과 거룩성을 나타내 보였다. 이 때 엘리야는 그의 사역 이력 중 가장 정점(the pinnacle of his career)에 도달한 것으로 묘사되었으며, 호렙산에서 모세와 같은 차원의 개인적 계시를 받는 특권을 누린 것으로 설명된다. 이 전시의 기적은 하나님의 세미한 음성(the still, small voice of God)과 엘리야의 새로운 사명을 증명하는데 기여하였다.

엘리사의 기도는 두 연속적 기적을 가져왔다(왕하 6:14-17, 18-19). 첫째로, 불말과 불수레의 비전(the sight of horses and chariots of fire)을 보여준 기적은 지상의 군대와 하늘의 군대를 대비시키는 분명한 전시의 기적이었다. 이것은 당시 시리아 군대에게 포위당한 것에 몹시 당황한 사환을 안심시켜 주었을 것이다. 시리아의 군대가 엘리사의 기도로 눈이 먼 것은 전시의 기적을 후속하는 것이었다(참고: 창 19:11). 하나님의 하늘 군대를 전시하여 나타내심과 시리아 군대가 눈 멀은 것은 하나의 짝을 이루는 기적으로 선지자와 함께 역사하시는 하나님의 초자연적인 힘을 보여주었다(참고: 마 26:53). 이 두 사건 속에서 "열다(open)"라는 말이 하나님의 전시 기적으로서 이 두 사건을 연결하고 묘사하는 연결어(catchword)이다(왕하 6:17, 20). 전시 기적은 그것을 체험하는 사람들에게 하나님의 초자연적 능력을 보여 줄 수 있었다. 불말과 불병거의 모티프가 반복되는 것은 또한 엘리야와 엘리사 시대에서 나타나는 독특한 요소이다(참고: 왕하 2:11). 엘리사의 경우에 세상 군대와 대비되는 불말과 불병거는 군사적 이미지를 가졌으며, 하나님 백성들의 마음을 돌이키기 위하여 영적 전쟁을 벌이는 사건과 연관이 되었다. 엘리야는 진실로 하나님을 위해 싸우는 전사(a warrior for God)였으며 엘리사는 그의 담대한 영성(bold spirit)을 상속 받았다. 전체적으로 불말과 불수레의 전시 기적은 당시 불과 번개를 통제하는 것으로 믿어졌던 바알에 대항하는 것으로, 야웨 유일신 숭배신앙(Yahwism)을 고양시키는역할을 하였다.

통치의 기적 (Divine Ruling)

통치의 기적은 전시의 기적과 유사하나 겉으로 드러내는 것 보다 기적 배후에 숨겨진 하나님의 역할(God's hidden role behind miracles)을 더 강조한다. 도끼 머리가 요단강에서 떠오르게 한 사건은 사려깊은 해석을 요구하는 복잡한 기적이었다. 마치 아이들 동화책에 나올 것 같은 이 기적의 목적은 무엇인가? 또한 궁극적으로 무엇을 의미하는가? 이 기적을 해석하는데 세 가지 다른 견해가 있다. 이 사건은 "엘리사의 거룩성 고양(Elisha hagiology),"[70] "선지자의 능력을 강조하는 이미지를 형성하는 마술(an imitative magic),"[71] 기적으로서 실제 사건(참고: 마 17:27)[72]으로 다양한 해석이 제시된다. 여기서 이 기적의 절정은 도끼 머리(ax-head, literally, iron)가 실제로 물 위로 떠오른 것이다. R. Nelson이 전체로서 문학적 분석을 한 것은 선지자의 능력을 강조하는데 기여를 한다. 이 점에서는 J. Gray의 견해도 비슷하다. R. L. Cohn도 이 사건의 강조점은 "도끼 머리를 돌려받는 그 사람에게 보다는 하나님의 사람과 그 기적에 있다"고 선지자의 능력을 강조한다. 그는 이 사건이 실제적으로 일어난 기적으로 간주한다(왕하 2:4:7; 4:37, 41).[73] Y. Chang 또한 이 기적을 엘리사 선지자의 권위를 세우기 위한 것으로 간주한다.[74] 하지만 이 사건은 단지 권위부여의 기적으로만 다루지 않는 것처럼 보인다. 왜냐하면 엘리사의 권위는 선지자 공동체에서 이미 공식적으로 인정을 받았기 때문이다(왕하

---

70 John Gray, *1 & 2 Kings*: A Commentary, 3d rev. ed.OTL (London, SCM Press, 1977), 510-12.
71 Richard D. Nelson, *First and Second Kings*, Interpretation (Atlanta, GA: John Knox Press, 1987), 184-85. Nelson은 이 기적이 사실이라기보다 하나의 전승(folklore)으로 보려고 한다. 그는 이 기적을 "의도된 신화(technical myth)" 차원으로 보려고 한다.
72 C. F. Keil and F. Delitzch, *1 & 2 Kings, 1 & 2 Chronicles*, Commentary in the Old Testament, ed. C. F. Keil and F. Delitzch, vol 3. (Edinburgh: T. and T. Clark, 1886-91); reprint, (Peabody, MA: Hendrickson Publishers, 1996), 229. 당시에 도끼는 일반인들이 소유하기에는 매우 비쌌고, 또 주인에게 돌려주어야만 하는 상황을 전후 문맥으로 가지고 있다. 이 기적은 또한 예수님이 세금을 납부하기 위해 베드로에게 바다에 가서 낚시를 던져 먼저 오르는 고기를 가져 입을 열어 돈 한 세겔을 얻으라고 하신 기적과 유사성을 보게 한다(마 17:27).
73 C. L. Cohn, *2 Kings*, BO: Studies in Hebrew Narrative & Poetry, ed. David W. Cotter (Collegeville: MN: Liturgical Press, 2000), 43.
74 Yue-Ming Joseph Chang, "A Rhetorical Analysis of the Elijah-Elisha Stories within the Deuteronomistic History," (Ph.D. diss., Dallas Theological Seminary, 2000), 248-50.

2:15-16). 엘리사는 여기서 선지자 공동체의 원장(the abbot of the prophetic guild)과 같이 수장으로 묘사된다(왕하 6:1-2). 그러므로 이 사건을 좀 더 분명히 이해하려면 다른 방법의 접근이 필요하다.

이 사건의 형태(the form of this incident)는 출애굽기 15:22-26에 나오는 모세가 물을 치유한 기적과 유사하다. 이 주제에 대하여 다음 도표를 비교하는 것은 흥미롭다.

[Table 4]

	Moses' healing the water 모세가 쓴 물을 치유한 기적	Elisha's floating an ax-head 엘리사가 도끼를 떠오르게 한 기적
Problem (문제)	bitter water 쓴 물	an ax-head lost into the water 도끼가 물에 빠져 잃어버림
Means (수단)	throwing in a branch of a tree 나무 가지를 물에 던짐	throwing in a branch of a tree 나무 가지를 물에 던짐
Solution (해결)	The waters were made sweet. 물이 달아졌다	The ax-head floated. 도끼가 떠 올랐다.

두 기적 모두 긴급한 상황을 도울 해결을 하였으므로 하나님의 치유와 구원의 주제와 관련된다. 두 기적 모두에서 선지자의 역할은 중요하지만, 그들은 단지 놀라운 기적이 일어나게 하는 매개 역할만을 하는 것처럼 보인다.[75] 이 두 기적은 선지자 자신의 권위를 세우려고 하기보다, 그 기적들의 배후에 서 계신 하나님의 통치를 확증해주기 위해서 그분의 대변자 역할을 하였다는 것을 보여준

---

75 Yair Zakovitch, *The Concept of the Miracle in the Bible* (Tel-Aviv: Mod Books, 1990), 53-54.

다.

　　보다 긴 문맥에서 하나님의 숨은 역할을 강조하는 것처럼 보인다. 엘리사의 기적은 열왕기하 2:19-22와 4:38-41에 기록된 기적 사건들과 유사하다. 그러나 이 기적은 시리아 왕의 침략과 이어지는 나아만 장군의 이야기가 나오는 바로 직전에 (왕하 6:8-23; 참고: 왕하5:1-27; 6:24-7:20), 즉 두 국제 문제에 관한 두 이야기 사이에 좀 이상하게 위치해 있다. 분명히 이 위치는 우연이 아니다. 아마도 이것은 하나님께서 큰 국제 문제를 주관하실 뿐만 아니라, 그의 백성들에게 영향을 미치는 작은 문제도 세심하게 주관하신다는 것을 지적할 수 있다.[76] 하나님은 큰 일도 작은 일도 주관하신다. 온 백성 뿐만아니라, 한 개인도 돌보신다. 엘리사에 의한 이 기적은 하나님께서 선지자를 통하여 자신의 백성들의 일상 생활도 주권적으로 다스리신다는 것을 강조한다(왕하 6:1, 5). 이런 관점에서 보면 이스라엘은 하나님이 돌보시는 이상적인 공동체였다.

　　엘리사의 뼈에 관계된 기적 또한 하나님의 통치를 증거하는 기적이었다(왕하 13:20-21). 이 기적은 엘리야의 초자연적인 승천과 비슷하게 하나님께서 엘리사가 죽은 후에도 그를 높여주시는 것일 수도 있고, 또한 하나님께서 이스라엘의 미래를 위해 여전히 일하시는 그분의 주권적 능력으로 간주될 수도 있다. 하지만 만일 후자

76　Ronald S. Wallace, *Elijah and Elisha: Exposition from the Book of Kings* (Grand Rapids: Wm. B. Eerdmans Publishing Company, 1957), 119.

에 더 초점을 맞춘다면, 이 기적은 이스라엘에 대한 하나님의 주권적 통치 증거하기 위하여 북이스라엘 요아스 왕에게 주어진 기적이었다(왕하 13:22-25; 참고: 욥 40:10-41:34).

영적 전투 기적 (Divine Warfare)

영적 전투를 포함하는 기적들은 하나님의 초자연적인 개입 또는 이스라엘의 적에 대한 전쟁에 그분이 개입하시는 것을 가리킨다. 영적 전투 기적의 한 예는 이스라엘이 모압과 벌인 전쟁에서 일어났다(왕하 3:21-27). 그때 아침 햇살에 반사되어 붉게 핏빛으로 물들어 보였던 물은 모압 사람들이 허상을 보게 하는 하나님의 전략(stratagem)이었는데, 이일로 인해 그들은 이스라엘이 자중지란으로 서로 살육한 줄로 착각하여 다같이 노략하러 왔다가 큰 패배를 당하였다(왕하 3:22-25). 하나님은 전쟁을 지휘하시는 용사(warrior)이시다.

도단에서 시리아 군대가 갑자기 눈멀은 사건 또한 전투의 기적이었다(왕하 6:18-23). 이 사건은 전시의 기적과 연관되어 수많은 불말과 불병거가 두려움에 떨고 있는 엘리사의 종의 눈에 갑자기 보이게 하였다(15-17절). 이어서 시리아 군대가 눈멀은 사건은 하나님의 군대인 불말과 불병거가 시리아의 마병과 병거를 무력화

시켰다는 것을 시사하였다(14, 17, 18절). 이 두 군대 사이에 뚜렷한 대조는 하나님의 능력과 군대가 상대편 보다 훨씬 압도한다는 것을 강조한다. 이 사건은 두 가지 극적인 아이러니(drastic ironies)를 보여준다. 첫째로, 선지자는 시리아 군대를 그들이 원래 군사적 공격을 위해 가기로 한 목표인 사마리아로 인도하였다(19절). 둘째로, 하나님께서 적대적인 상황(hostile situation)을 평화적 모드(peaceful one)로 바꾸셨는데, 이런 상황은 이스라엘이 시리아 군대에 대처하여 이루어야 할 궁극적 해결점이었다(21-23절). 이 군대 사건은 엘리야가 만일 그대로 두었으면, 죽음의 전쟁을 불러올 수 있었던 두 진영의 적대감의 갈등을 생명의 길로 이끌고 있었다는 것을 보여준다.[77]

선지자는 하나님의 군대가 집중하여 그 중심으로 삼는 사람이다(참고: 왕하 13:14). 시리아의 군대가 공포에 휩싸여 도망하게 만든 병거와 말 소리는 또한 영적전투의 기적이다(왕하 7:6-7; 참고: 18:13-19:37). 이 사건 전체를 통하여 이스라엘 왕은 무력하고 매우 불신앙에 차 있었던 것으로 나타난다(왕하: 6:31, 33). 하늘의 말과 병거와 하늘의 소리는(왕하 6:17; 7:6-7) 하나님께서 인간들의 전쟁에 개입하시는 주권적 권능을 가지고 계심을 시사한다. 이 두 사건은 살아계신 하나님의 능력이 이스라엘과 온 세계를 주관하고 계심을 보여준다.[78] 전쟁의 승리는 인간의 군사력이 아니라 하나님

---
[77] Mead, " 'Elisha Will Kill' ?," 143.
[78] Stephen B. Dawes, "The Real World," *ExpTim 103* (October 1991): 20-21.

의 주권적 권능에 속했다(왕하 20:15; 잠 21:31). 이스라엘은 국가의 안보에 대하여, 외국 열강이 아니라 하나님께 의존하여야 했다(왕상 20:30; 왕하 17:3-6; 참고: 12:18).

예비하심의 기적 (Divine Provision)

하나님의 예비하심의 기적은 특별한 상황에서 음식이나 물 같은 것들을 초자연적으로 준비하는 것과 관련이 있다(출 16:1-12, 13; 민 11:3-9, 31-32, 출 17:1-7; 민 20:2-8). 예비하심 기적의 주제는 구원의 기적과 연관이 있다.[79] 출애굽기 16:1-3은 B. S. Childs에 의하면, "정확한 지정학적 그리고 연대기적 순서에서 광야의 여러 가지 이야기를 연결하는 순회적 역사와 함께 시작"한다고 하여, 실제로 일어난 역사적 사실로서 하나님의 이스라엘 구속사를 깨닫게 한다.[80] 열악한 환경 때문에 오는 긴박한 필요 때문에, 불평하는 모티프(the motif of murmuring)가 광야 방황 생활의 중요한 주제가 된다.

예비하심의 기적은 광야를 방황할 때의 많은 어려움 속에서 하나님의 능력과 이스라엘 백성을 돌보심을 증거한다. 하나님께서는 그들의 불신앙적 불평들에도 불구하고 그들의 절실한 필요에 대

---

79 *NET* 184를 참조하라.
80 B. S. Child, *The Book of Exodus*, 283-84.

하여 은혜롭게 응답을 하셨다(출 15:22; 16:12-15; 17:1; 참고: 시 78:2-29). 출애굽기 16장에서 만나와 메추라기를 예비하심은 19장부터 시작되는 시내산 언약을 맺게 하는 "역사적 서언(historical prologue)"과 유사한데, 이것은 이스라엘의 야웨께 "복종과 충성(obedience and loyalty)"을 규정하는 언약적 의무의 한 부분이다(참고: 출 19:4).[81] 일단 시내산 언약이 하나님과 이스라엘 사이에 체결된 이후에는 그들이 불평할 때 하나님의 징계가 훨씬 심하게 증가하였다(참고: 민 25:1-9).[82] 언약 체결 이전과 이후는 이런 관점에서 사건들을 비교해 볼 필요가 있다. 이같이 하나님의 예비하심의 기적들은 그분을 시험하는 주제와 연결되고(출 16:4; 참고: 신 8:2) 언약 관계 안에서 혜택을 받는 자들의 믿음과 영적 성숙을 요구하였다(신 8:3-4, 16; 참고: 요 6:26-27, 32-36).

예비하심의 기적들은 언약 안에 있는 백성들을 향하신 야웨의 은혜로우신 성품을 보여주며 보답으로 수혜자들의 믿음과 영적 성장을 요구한다. 이 기적들은 하나님께서 그들의 구속자요 목자시라는 이스라엘의 믿음을 성장시켰다(참고: 시편 78:15-35, 54, 70-72). 광야에서의 예비하심의 기적들은 이스라엘 백성들에게 심지어 그들이 약속의 땅 가나안에 들어갔을 때도, 그들의 영적 물질적 필요들에 대하여 하나님께 온전히 의지해야 한다는 것을 보여주었다. 이 예비하심의 기적들을 살펴봄으로 성도들도 긴박한 현실의

---

[81] Paul Wayne Ferris Jr., "The Manna Narrative of Exodus 16:1-10," *JETS* 18 (summer 1975): 191-92.
[82] Ibid., 199.

어려움이 있을 때 하나님을 의지해야 함을 배운다. 현실에서 인간의 무력함을 절감할수록 하나님을 의지하는 신앙이 얼마나 귀중한지를 뼈저리게 배울 수 있다.

마찬가지로 엘리야 내러티브에서 두 기적 사건이 모세의 만나와 메추라기 사건과 평행을 이룬다. 엘리야가 그릿 시냇가에 숨어서 지내는 동안에, 하나님은 까마귀를 통하여 빵과 고기를 공급하셨다(왕상 17:6; 참고: 출 16:8). 하나님께서 사렙다 과부를 위해 예비하신 기적은 그릿 시냇가에 있는 엘리야를 위한 예비하심의 기적과 어떤 유사점을 갖는다(왕하 17:8-16). 엘리야는 모세가 광야에서 체험한 것과 동일한 예비하심의 기적을 체험하였다. 엘리야와 관련된 기적 내러티브는 그를 모세와 버금가는 선지자로 묘사한다. 바알종교와 적대적인 관점에서 사렙다 과부의 이야기는 바알이 숭배받는 페니키아 영토 내에서 과부와 고아를 돌보시는 것은 바알이 아니라, 바로 야웨(Yahweh)이시라는것을 역설적으로 보여준다. 또한 위의 메추라기 사건에서 메추라기는 철새라 계절에 따라 유럽에서 시나이 반도를 거쳐 아프리카로 이동하고 또 그 역방향으로도 이동한다. 다만 하나님께서 예정하신 시간에 이들이 이스라엘 백성들이 머무는 장소(시나이 반도)에 떨어진 것은 하나님께서 시간을 통제하시는 기적으로 그분의 주권적 예비하심을 보여준다.

다른 예비하심의 기적은 천사에 의해 수행되었다(왕상 19:5-8). 이것은 그분의 종이 선지자 사역으로부터 도피한 시기에 하나님의 자비로우신 개입을 분명하게 증거하였다(왕상 19:3). 적은 양의 음식으로 약 백명이 먹기에 충분한 음식으로 크게 증가시킨 (multiplication) 엘리사의 기적도 예비하심의 기적에 속한다(왕하 4:42-44). 예비하심의 기적은 자기 백성들의 필요를 공급하시는 야웨의 자비로우신 자원함(willingness)을 보이기 위하여 일어 났으며, 그에 대한 보답으로 백성들의 신실한 반응을 기대하셨다.

심판의 기적 (Divine Judgment)

심판의 기적은 죄에 대하여 백성들을 징벌하시는 하나님의 거룩하신 판단(God's holy measure)을 보이기 위해 일어난다. 엘리사의 사환 게하시의 불의함은 이제 막 새로운 믿음을 가진 나아만과 직접적 대조가 되었다.[83] 게하시의 탐욕과 비교할 때 나아만이 하나님을 경외하는 순수한 신앙이 빛난다. 게하시의 불의한 마음은 주인 엘리사의 신실함을 배신하였고, 나아만이 치유받은 문둥병에 걸리게 되었다(왕하 5:1, 27). 심판의 기적은 하나님께서 이방인과 유대인을 동일한 기준으로 심판하심을 시사한다. 이 기적은 하나님께서 죄인을 심판하시는 주권적 권위를 가지신 왕이시라는 것을 증거한다. 불순종하는 선지자를 들판의 사자로 심판하신 하

---
83 Cohn, *2 Kings*, 40.

나님은 동물 세계를 주관하시는 지배권을 보여준다(왕상 20:35-36; 참고: 민 22:28-30). 심판의 기적은 죄인을 다루시는 하나님의 거룩하신 분노(holy wrath)를 보여준다(참고: 신 4:24). 사람은 하나님의 거룩하신 심판을 두려워해야 한다.

치유의 기적 (Divine Healing)

치유하심의 기적은 어떤 사람들을 특별한 곤경으로부터 해방시키기 위해 일어난다. 성경의 '치유' 개념은 보통 생각하는 것보다 훨씬 광범위하다. 질병의 치료부터 어려운 상황에서의 구원, 필요한 것을 공급하는 것 등 내포하는 범위가 넓다. 또한 기적의 결과로서 하나님의 자비하심을 드러낸다. 치유의 기적은 종종 수혜자들의 영적 교화(edification)를 가져올 수 있다. 치유하심의 개념은 구원의 기적이나 예비의 기적과 연결될 수 있다(왕상 17:24; 참고: 왕하 3:9-20). 여리고의 물 근원을 깨끗하게 고친 것은 치유하심의 기적에 속한다(왕하 2:29-22). 이 물을 치료한 기적은 일종의 '문제와 해결(problem and solution)'이라는 형태를 가지고 있다. 이 문제는 앞에서 다루었으나 치유의 성격에 초점을 맞추어 좀 더 논의할 필요가 있다. 여리고의 물에 대하여 분사형 "토산이 떨어지나이다"라는 말은 과일이 열매 맺지 못하는 것을 의미한다(참고: 말 3:11). 이것은 여리고 주민들이 언약적 저주(a covenant curse) 아래 있는 것을 의미하는데, 여호수아가 가나안 정복 때 그 성을 저주하였기 때문이었다(수 6:26; 왕상 16:34). 이 사건을 마무리하는 말인 "다시는 죽음이나 열매 맺지 못함이 없을지니라"는 엘리사의 기적이 언약적 저주로부터 여리고 주민들을 치유하였다는 것을 의미하였다.

독이 든 음식을 먹을 수 있도록 바꾼 것(왕하 4:38-41), 사렙다 과부 아들을 살린 것(왕상 17:17-24), 수넴 여자의 아들을 살린 것(왕하 4:32-37), 나아만의 나병이 치유된 것(왕하 5:1-19) 등도 치유의 기적들의 예이다. 바알종교와의 적대(경쟁) 관계의 맥락에서 많은 국내와 외국의 치유 기적들은 생명과 죽음을 주관하시는 존재가 바알이 아니라 야웨이심을 증거한다. 이러한 치유의 기적들은 하나님께서 그의 백성들에게 언약의 축복을 회복해주시기를 간절히 원하신다는 것을 보여준다.

나아만 장군과 관련된 사건은 구원(deliverance), 권위(authority), 그리고 치유(healing)의 주제들이 함께 연관이 된다. 나아만이 엘리사 선지자를 찾아온 주된 목적은 불치의 병인 나병을 하나님께 치유받기 위함이었다. 하지만 권위의 주제가 연관되는데 나아만이 매우 교만하여 선지자의 위치를 그의 권위 아래 두려고 했기 때문이다(왕하 5:11-12). 결국 나아만이 하나님의 사람(a man of God)의 말을 순종하였을 때 그의 문제가 해결되었고 하나님께서 이스라엘에 있는 선지자를 통하여 역사하고 계심을 증거하였다(15절). 그리고 이 것은 선지자가 마음 속으로 간절히 원하던 바로 그 일이었다(8절).

선지자 엘리사는 나아만의 치유 과정에서 어떤 마술이나 인위적 요소를 모두 배제하여 오직 하나님의 주권을 드높이려 하였다(10, 15절). 자신의 역할을 드러내는 것을 최소화하므로 하나님이 주권적으로 치유하심을 더 높이 드러내려 하는 숭고한 동기가 있었다. "돈, 권력, 마술, 외교의 방법들이 선지자의 명령에 대한 신뢰를 더 높이려고" 모두 배제되었다.[84] 치유의 기적을 경험한 나아만은 배타적으로 오직 야웨만 섬기는 유일신 신앙(Yahwistic monotheism)을 고백할만큼 변화되었다. 유일신 신앙 개념과 함께, K. Mead는 나아만 이야기의 중심적 초점이 "야웨의 열방에 대한 주되심(Yahweh's lordship over the nations)"이라고 주장한다.[85] 이렇게 나아만은 역설적으로 순전한 야웨 절대 유일신 신앙(pure Yahwism)을 거절하고 있었던 이스라엘 백성들에게, 어떤 도전을 주는 인물(a polemic figure)이 되었다. 하나님의 궁극적인 목적은 단지 백성들의 육체적 질병의 치료라기 보다 영혼의 완전한 치유였다(출 15:26; 참고: 신 8:3). 앞에서 간단히 언급하였지만 성경에서 하나님의 치유의 개념은 생각보다 매우 폭이 넓다. 치유의 기적은 그 체험 자체로 끝나지 않고, 궁극적으로 치유하심을 받은 감격

84　Mead, "'Elisha Will Kill'?," 206.
85　Ibid., 202.

때문에 성도의 영적 회심과 성장에 기여하도록 연결된다.

치유의 기적과 연관을 지어 "주님의 뜻을 이루소서(Have Thine own way, Lord)"라는 새찬송가 425장 3절이 의미가 깊어 소개한다. 다음 찬송의 둘째 줄과 셋째 줄의 가사는 "병들어 몸이 피곤할 때 권능의 손을 내게 펴사…"이다. 우리가 병 중에 믿음으로 기도할 때 아버지 하나님의 "권능의 손(Power, all power)"이 치유를 일으키실 것을 믿고 기대하면 그분이 반드시 이루실 것이다: "Power, all power, Surely is Thine." (여기서 "Thine"은 KJV에 쓰인 고전의 영어로 "Yours"라는 뜻이다).

> Have Thine own way, Lord, Have Thine own way;
> Wounded and weary, Help me, I pray.
> Power, all power, Surely is Thine,
> Touch me and heal me, Savior divine.

4. 기적의 특징들 (Characteristics of the Miracles)

엘리야와 엘리사와 연관된 기적의 시대는 많은 독특한 특징들이 있는데 이미 앞에서 대부분 논의가 되었다. 이들 특징들 중에서 대리자(the agent), 기적이 일어난 횟수(the frequency), 기적의 수단(방법, the means)이 어떤 의미가 있는지 여기서 좀 더 자세하게 재조명 될 것이다.

기적의 대리자 (The Agent of Miracles)

각 기적에 쓰임받은 대리자는 하나님의 천사, 사람, 동물인데, 대개는 이 중 하나가 단독으로 사용되지만 때때로는 이 중 둘 이상이 함께 연관되기도 한다(왕상 18:38; 19:5-7; 17:4, 19-22). 하지만 기적을 일으키는 사람(the human miracle-worker; 선지자)이 등장하는 것이 구약 주요 기적 시대의 독특한 특징이다. E. Koskenniemi는 유대교(Judaism)의 전통에 따라 말하기를 "엘리야는 여호수아의 선지자로서의 후계자"이며 "이스라엘 국가의 리더"라고 주장한다.[86] 그는 기적을 행하는 선지자의 계승에 초점을 맞추고 있다. 그는 또한 선지자가 행한 기적들은 "그들의 선지자 사명의 중심적 일부(an essential part of their prophetic mission)"라고 한다.[87] 때때로 하나님과 선지자가 함께 그분이 개입하시는 사건에 이중 대리자(a dual agency) 역할을 한다(참고: 왕상 18:36-38).

하나님과 기적의 인간 대리자 사이의 친밀한 연합관계는 엘

---

86 Erkki Koskenniemi, *The Old Testament Miracle-Workers in Early Judaism*, Wissenshaftliche Untersuchungen zum Neuen Testament, ed. Jorg Frey, vol. 206 (Tubingen: Mohr Siebeck, 2000), 33.
87 Ibid.

리야와 엘리사 기적 시대의 매우 중요한 특징이다. 이같이 엘리야와 엘리사는 그들이 기적을 행하는데 있어서, 하나님의 권위와 능력과 그들의 권위와 능력을 동일시하게 하는 '명령과 순응의 관계(a command-and-compliance)'를 갖고 있었다(왕하 10:1-36, 12; 6:6-7). 엘리야와 엘리사는 절대적 야웨 유일신 숭배신앙(Yahwism)을 다시 세우는데 자신들을 온전히 헌신하였다(왕상 17:18, 24; 왕하 4:9, 21, 25; 6:9; 7:18; 왕상 20:18).

기적의 횟수 (The Frequency of Miracles)

이스라엘 역사에서 동시대에 그룹을 이루어 행해진 기적들은 특별한 시대에 주신 하나님의 특별한 계시로서 이해가 되어야 한다. 상대적으로 짧은(약 80년) 시기에 집중적으로 행해진 많은 기적들은 성경신학적인 관점에서 매우 의미심장하다. 왜냐하면 그들은 상대적으로 횟수가 적은 기적을 가진 시대와 주요 기적시대를 뚜렷히 구별하는역할을 하기 때문이다. 한 시대에 집중하여 행해진 기적들(clustered miracles)은 이스라엘 역사에서 하나님의 특별한 계획에 새로운 요소를 첨가하는 시대의 중요한 특징(marked)을 이룬다.

수단/방법의 기적 (The Means/Instrument of Miracles)

어떤 때는 엘리야와 엘리사가 기적을 행하는데 수단이나 도구를 사용하였다. 기적이 일어나게 하는 도구나 수단은 기적을 통제하는 장치(control mechanism)로 보통 기적 자체와는 직접 연결되지는 않는다. 이같이 선지자들과 그들이 사용하는 수단이나 방법 배후에 하나님의 다스리는 능력(God's ruling power)이 항상 내재적으로 암시된다.

첫째로, 엘리야의 겉옷이 요단강을 가르는데 사용되었다(왕하 2:8). 후에 그 동일한 겉옷이 엘리야의 선지자적 권능의 계승을 신뢰받게 하는(authenticating) 징표로, 요단강을 다시 가를 때 그에 의해 사용된 기적의 수단이 되었다(왕하 2:13-14, 15; 참고: 4:19-22). 결과로서 그 겉옷은 선지자 계승의 상징이 되었다. 갈멜산에서 하나님이 내리시는 불과 비를 위한 엘리야의 기도는 하나님의 주권적 능력을 보이시는 기적을 통제하는 장치(control mechanism)이었다(왕상 18:36-37, 42; 참고: 17:20). 하나님은 갈멜산 승리 사건 후 이어서 바로 비를 내리시지 않고 엘리야의 간절한 기도 후에 비로소 큰 장마비로 응답하셨다. 하나님이 선지자를 통하여 비를 통제하고 계심을 보여주신 것이다.

둘째로, 소금은 엘리사에 의해 여리고에 있는 좋지 못한 물을 치유하는데 사용되었다(왕하 2:19-22). 여기서 소금은 그 도시의 저주를 제거하는 상징이었던 것처럼 보이지만 그 자체가 어떤 마술적 힘을 가진 것은 아니었다(신 29:23; 참고: 레 2:13; 민 18:19b). 이 치유의 기적은 모세가 므리바에서 물을 치유한 첫 기적과 유사하다. 그때 모세도 하나님께서 지시하신 나무의 평범한 가지를 사용하였다(출 15:22-25, 26). 엘리사의 경우는 비슷한 기적을 행할 때, 모세와 비교해보면 좀더 자유로운 자율권(autonomy)을 허락받은 것처럼 보인다. 반면에 하나님께서 모세에게는 물을 치유하는 기적을 행할 때 좀 더 엄격하게 통제하시고, 덜 자율권을 주신 것처럼 보인다(왕상 6:6; 참고: 2:21; 3:15-17; 4:2-4; 13:15-19). 아마도 모세는 엘리사가 했던 것보다 기적을 행할 때 그분의 통제를 받아 하나님의 주권(God's sovereignty)을 좀 더 강조할 필요가 있었던 것 같다. 왜냐하면 모세는 순수한 야웨 유일신 숭배 신앙(pure Yahwism)을 이스라엘 백성 가운데 처음 새롭게 세워가는 상황에 있었기 때문이었다. 이와 관련하여 므리바에서 두번째 기적을 행할 때 모세가 물을 내기 위해 반석에게 "명하라"고 하신 것은 하나님의 보다 엄격한 통제 장치였다(민 20:7-13). 기적 내러티브를 보면 엘리사가 자신의 권위를 인정(authorization)받는 기적을 행하는 경우 보통은 하나님께 겸손히 기도하는 절차를 가졌다(왕하 2:14; 4:32-36; 6:17, 20).

셋째로, 밀가루가 끓인 국에서 해로운 독소를 제거하는데 사용되었다(왕하 4:38-41). 밀가루는 보통 독을 제거하는데 사용하지 않는다. 이런 이유로 어떤 학자들은 아마 엘리야가 다른 물질을 첨가했을 것이라고 추측하면서, 이 사건에서 기적적인 요소를 제거하려고 한다. 하지만 여기에 겉으로 보기에 불합리한 요소(the absurdity)가 독이 든 음식을 치유하는 하나님의 선지자로서의 엘리사의 능력을 보여준다는 긍정적인 면이 있다.

넷째로, 선지자의 말과 요단강 물이 나아만을 치유하는데 함께 사용되었다(왕상 5:1-18). 선지자의 말은 혜택을 받는 자(5:10)에게 하나님의 기적을 증명하는 '통제 장치(the controlling mechanism)'였다. 이 기적에서 나아만의 믿음과 순종이 그의 치유에 필요했다(5:14). 요단강 물에 "일곱 번" 몸을 담그는 행위도 또 다른 통제장치였다. 만일 그가 여섯 번만 몸을 담그고 그만 두었다면 치유는 일어나지 않았을 것이다. 선지자의 말과 같이 정확히 "일곱 번" 담그는 순종을 하였을 때 기적이 일어났다. 이것은 하나님이 개입하고 계심을 증거하는 통제적 요소들이었다. 이 기적에 두 가지 종류의 통제 장치가 사용된 것은 단지 한 가지만 사용된 것 보다, 나아만에게 치유의 원인에 대한 더 강력한 확신을 주었음을 증거한다(5:15-18). 하나님의 치유를 경험한 나아만은 진정한 야웨 절대 숭배신앙을 가진자(Yahwist)로 회심하였다. 사사시대 하나님께서 기드온에게 사용하신 두 가지 통제장치도 하나님이 주신 과업을 감당할 수 있다는 확신을 강화시켜 주었다는데서, 나아만이 체험한 기적과 유사점이 있다(삿 6:36-40, 17-21). 두 가지 종류의 통제 장치는 종종 하나님의 뜻을 받는 자들에게 굳건한 믿음을 심어준다(참고: 출 4:1-8, 9).

나아만의 경우와 같이 두 가지 종류의 통제 장치를 사용하여 치유한 기적의 사건이, 예수님이 나면서부터 소경된 사람을 고쳐줄 때도 동일하게 발견된다. 예수님은 침을 뱉어 진흙을 이겨 소경의 눈에 바르고 실로암 연못에 가서 씻으라고 하였다. 그리고 그는 그 못에 가서 눈을 씻고 보게 되었다(요 9:6-7, 11). 진흙을 눈에 바른 것과 실로암에 가서 씻게 한 것은 두 통제장치였다. 이 소경에게 예수님이 그 눈을 뜨게 하셨다는 사실을 분명히 알게 한 장치였다. 이어서 이 기적은 바리새인들에 의하여 안식일과 예수님의 권위 문제에 관한 논쟁으로 발전하고, 그 소경되었던 사람은 담대히 증거한다(9:13-16).

엘리사는 선지자적 예언을 전달한 것 외에는 나아만과 어떤 신체적 접촉이 없었다. 자신의 역할을 줄이고 하나님의 주권을 더 높이는 귀한 의도가 있었다. 이것은 나아만에게 야웨 절대 숭배신앙을 고양시켜주는데 분명히 기여하였다(참고: 마 8:2-4). 이 사건을 모세의 므리바 사건과 비교하면, 하나님께서 모세를 통해 반석에서 물을 내실 때 왜 반석을 치지 않고 오직 "반석에게 명하여 물을 내게 하라"고 하셨는가를 더 잘 깨닫게 된다(민 20:9). 백성들의 원망에 화가 난 모세는 반석에게 "명하지" 않고 그만 반석을 치고 말았다(11절). 아마 예전에 유사하게 자신이 행하였던 사건을 무심코 반복하였을지도 모른다(출 17:6-7). 하나님께서 백성들의 갈증을 해소하기 위하여 물을 주셨지만, 모세의 행위는 하나님이 명하신 기적의 통제 장치를 소홀히 하여 그분의 주권을 침해한 것이었다.

다섯째로, 하나님은 장례 지내던 죽은 사람을 일으키기 위한 도구로 무덤에 있던 엘리사의 뼈를 사용하였다(왕하 13:20-21). 이 기적은 한편으로 엘리사의 명예를 높여주기도 하는 반면에, 생명의 모든 차원을 주관하시는 하나님의 주권을 증거하였다. 생명의 여러 면을 다스리시는 하나님의 능력은 또한 미래에도 보여질 것인데, 예수님이 죽은 나사로를 살리시는 것을 포함할 수 있다(요 11:38-44; 참고: 마 27:52).

기적적 능력의 모든 근원(All sources of miraculous power are from God)은 하나님이시다. 기적을 행하는데 있어서 전혀 유례를 찾아볼 수 없는(unmatched) 상징적 수단이나 도구(means and instruments)들을 사용함에 의하여, 하나님은 인간 대리자를 통하여 그분의 주권적 통치를 보여주신다. 기적 내러티브는 기적을 행하는데 사용된 수단이나 도구는 전혀 그들 스스로의 마술적 능력이 없다는 것을 보여준다.

마무리 (Wrapping-up)

엘리야와 엘리사 시대는 잘 갖추어진 바알종교의 유입으로 이스라엘에서 야웨 절대 숭배신앙(Yahwism)이 도전을 받았고, 따라서 두 선지자의 사명은 이 신앙을 다시 회복하는 것과 관련이 되어있다. 이 두 주제는 하나님께서 왜 이 특별한 시기에 기적을 집중적으로 많이 사용하셨는가를 보게되는 원인과 결과(cause and effect)를 설명하는데 상호적으로 보충적이다. 하나님의 왕국 이념(kingdom ideal)의 관점에서 그 당시에 이스라엘과 그들과 관계된 백성들에게 하나님의 주권을 증거하심으로, 시내산 언약에 근거하여 배타적 야웨 유일신 절대 숭배신앙(Yahwistic monotheism)을 회복하는 것이 매우 절박했었다.

남북 분열왕국 시기 동안에 이스라엘의 역사적, 사회적, 종교적 배경은 어떻게 바알종교가 야웨 유일신 신앙을 도전하고 있었는가를 보여준다. 이집트의 예에서 보듯이 물(water)은 엘리야와 엘리사 기적 내러티브에서 항상 중요한 모티프였다. 엘리야의 이야기도 항상 물에 관한 이야기로 시작하는데, 아마도 두로에서 들어온 바알종교에서 바알이 폭풍, 비, 풍요를 주관하는 날씨의 신이었기 때문이었을 것이다(왕상 16:29-33). 아세라(Asherah)는 이스라엘 바알종교 신앙에서 바알의 배우자였다. 이스라엘 백성은 바알과 아세라의 성적 결합이 비를 생성하게 하고 농작물과 가축의 풍요를 보장한다고 믿었었다. 이러한 우상숭배는 이스라엘의 야웨 유일신 절대 숭배신앙에 심각한 위협이 되었다. 엘리야와 엘리사에 의하여 시작된 선지자 운동(the prophetic movement)은 하나님께서 바알종교의 도전에 조처하신 대비책(countermeasure)이었다.

엘리야와 엘리사가 행한 기적들은 야웨 유일신 절대 숭배신앙을 회복하였을 뿐만 아니라, 이스라엘에 쇠퇴하는 신정정치(theocracy)를 다시 세우는 것이기도 하였다(참고: 왕상 17:1). 하나님의 기적을 통한 특별한 개입하심은 그분의 이스라엘과의 언약관계에 기인한 것으로, 이스라엘의 언약관계의 기초는 아브라함 언약, 시내산 언약, 다윗 언약에 뿌리를 두고 있었다(왕상 18:36; 왕하 8:19; 참고: 왕상 15:4). 이런 맥락에서 엘리야와 엘리사와 관련된 기적 내러티브는, 전체로서 열왕기서에서 가장 위기의 순간을 특징적으로 묘사한다. 왜냐하면 야웨는 이스라엘과 이웃 국가 위에 주권적 통제를 보여주고 있었기 때문이었다. 나아만의 치유와 회심은 이스라엘을 통하여 이방인들(열방)을 축복하시기 위해 언약적 이상(the covenant ideal)을 성취하기 원하시는 하나님의 열망을 상징적으로 보여준다. 야웨는 온 세상을 향한 이스라엘의 언약적 사명을 회복하기 위해 바알종교의 도전에 대한 대비책(countermeasure)을 세우셨다.

기적의 목적, 분류, 성격, 특징들 같은 부제들이 야웨가 북이스라엘의 역사적, 사회적, 종교적 배경에서 사용하신 기적들의 많은 측면들을 독자들이 이해하는데 풍부한 기여를 한다.

제 8 장

엘리야-엘리사 기적
내러티브의 정경적 위치
(성경신학적 관점)

제 8 장
엘리야-엘리사 기적 내러티브의 정경적 위치
(성경신학적 관점)[88]

에녹과 엘리야의 정경에서의 위치에 대하여 Henry M. Morris (헨리 M. 모리스)는 다음과 같이 지적한다. "에녹은 대략 아담과 아브라함의 중간지점(midpoint)에 살았고 엘리야는 아브라함과 예수님의 중간지점에 살았다."[89] 연대기적 숫자를 추론하기 전에 Morris는 죽음을 보지 않고 승천한 에녹과 엘리야를 하나님의 백성 역사에서 그들의 중요한 위치를 가늠해본 것이 통찰력있다고 생각한다. 모리스에 따르면 엘리야는 승천의 주제에 관하여 에녹과 예수님의 중간에 위치한 셈이다. 또한 에녹의 승천이 대홍수 이전의 사건이고 엘리야의 승천이 그 이후의 것이라는 대조도 된다.

지금까지 조금 산발적으로 이야기 해온 성경의 세 주요 기적의

---

[88] 이 장의 내용은 2009년도 미국복음주의학회(ETS)에서 필자가 발표한 글을 기초로 이번에 더 발전시킨 것이다. 학회 발표에 대하여는 다음을 참조하라: "The Elijah and Elisha Miracle Narratives as A Contribution to Biblical Theology," presented at the 61st Meeting of the Evangelical Theological Society, held in New Orleans, LA, 20 November 2009 (Ev 09549). 이 발표를 참관하셨던 필자의 논문 주임교수 Eugene H. Merrill은 다음과 같은 격려를 보내 주셨다: "You read your paper very well at the meeting (Nov 20, 2009) and I think it was well received. Let me encourage you to do so again in a future meeting (ETS)."

[89] Henry M. Morris, "Alive into Heaven," in *Days and Praise* (May 5, 2020).

시대는 구약 시대의 모세-여호수아 시대로 시작하여 엘리야-엘리사를 거쳐 신약 시대의 예수님-사도들 시대의 세 기적시대를 의미한다. 성경의 이 세 기적 시대를 기록한 각각의 내러티브들 사이의 놀라울 만큼 유사한 사항들이 있다는 것은 그들 사이에 매우 밀접한 상호관계(the close interconnection)가 있다는 것을 시사한다. 이 기적 시대들은 성경에서 다른 기적이 일어난 시대와 뚜렷히 구별된다. 성경신학(a biblical theology)의 관점에서 성경에 기록된 이 세 기적시대는 이스라엘 구속사(sacred history)에서 신앙적으로 가장 위기의 시기들(the apexes of religious crises)에 일어났다는 사실은 신학적 의미를 갖는다. 이 시기는 하나님께서 그의 백성들을 위해 특별한 목표를 이루시기 위하여 인간 세계에 직접 개입하신 때이다. 이런 사실은 몇 가지 질문이 떠오르게 한다. 신구약 성경을 한권으로 보는 정경적 관점에서(a canonical perspective), 이 세 개의 기적 내러티브들이 서로 밀접한 연관성을 갖는 사실이 시사하는 중요한 의미는 무엇인가? 이 셋 중에서 어떤 하나가 다른 둘이 갖지 않은 독특한 요소를 가지고 있는가? 만일 그렇다면 그 특별한 요소가 성경신학에 어떤 중요성이 있는가?

문맥에서 히엘(Hiel)과 아합 사이에 유사점(왕상 16:29-34)은 두 사건을 긴밀히 연결시켜 독자들이 새로운 사실을 스스로 깨닫게 하는 내러티브 연결(a narrative analogy)이다. 히엘이 여호수아의 저주(수 6:26)를 무시하고 여리고 성 재건을 강행하는 것은 바알종교를 이스라엘에 도입하는 아합의 배교와 일맥상통함이 있다. 이것은 여호수아와 엘리야를 밀접하게 연관지음으로서, 모세-여호수아와 엘리야-엘리사 기적 이야기 시대 사이에 밀접한 관계가 있음을 의도적으로 보여준다. 이 두 시대는 서로 다른 사회 환경과 시대 배경을 가지고 있지만, 하나님의 왕국 이념(God's kingdom ideal)의 관점에서 선민 이스라엘 국가에 비슷한 신앙적 위기를 직면하고 있었다.

동일한 관점에서 침례 요한(John the Baptist)이 길을 예비하는 사역은 예수님의 메시야 사역을 예비하여 주었을 뿐만 아니라, 엘리야-엘리사 기적 시대와 예수님-사도 기적 시대 사이를 기록된 암시(literary link)를 통해 서로 연결하는 가교 역할을 하였다(마 3:1-12, 16-17; 11:14; 눅 9:8). 앞에서 언급한 적이 있는 것처럼 이 특별한 세 기적시대의 상호 관계성(correlation)은 엘리야와 엘리사 기적 내러티브들의 위치(the locus)와 그들의 성경신학의 관점에서 어떤 의미있는 공헌(contribution)을 할 수 있는가에 흥미로운 관심을 끌게 한다. 또한 위의 사실들은 다음과 같은 질문이 떠오르게 한다. "정경적(canonical approach) 관점에서 어떤 특별한 역할을 하는가?" 여기서 정경적 관점은 신구약 성경을 통합된 한 권의 책으로 보면서 각각의 책 또는 모세-여호수아 사역처럼 구분을 지을 수 있는 이야기(narratives) 단위를 전체적인 안목에서 부분의 의미와 역할을 추론하는 것이다.

위의 논의를 정리하며 엘리야와 엘리사 기적 내러티브와 관련하여 다음 몇 가지 중요한 주제를 집중하여 다루는 것이 필요하다: (1) 엘리야와 엘리사의 선지자적 전통(the prophetic tradition), (2) 이들의 기적과 사역(their miracles and ministries), (3) 이들의 후 세대에 대한 영향(their impacts on later generations), (4) 하나님의 왕국 이념의 점진적 발전과 관련한 이들 기적들의 특징(the characteristics of their miracles in regard to the progressive development of God's kingdom ideal).

엘리야와 엘리사의 선지자 전통
(The Prophetic Tradition of Elijah and Elisha)

엘리야와 엘리사 기적 내러티브들이 정경에서 갖는 위치(the locus)는 말할 수 없이 중요한데, 모세-여호수아와 예수님-사도들의 기적 내러티브들 사이에 존재하여 이 둘을 함께 신학적으로 연결하고 있다는 점에서 그러하다. 또한 이스라엘 선지자 전통은 모세-여호수아, 엘리야-엘리사, 예수님-사도들의 기적 내러티브에 있는 주인공들(the principal characters) 사이에 서로 밀접한 관계가 있음을 보여준다. 이 사실은 이스라엘의 선지자 전통과 메시야 전통을 연결시켜 보여준다. 예수님이 선지자의 완성이시기 때문이다(마 5:17).

출애굽기는 하나님께서 이스라엘과 맺은 언약 관계의 배경에서 모세의 부르심을 자세히 설명한다(출 6:5-6; 창 12:1-3). 이와 연관되게 출애굽기는 그 민족의 족보로 시작하는데, 이는 하나님께서 창세기에서 야곱과 하신 약속과 신학적 연결을 보여주고 있다(출 1:1, 2-4; 참고: 창 28:13-14; 46:1-4, 8-27).[90] 즉 출애굽기 서두에 나오는 족장의 이름은 하나님이 야곱에게 애굽으로 내려가도록 허락하시는 문맥에서 그의 후손들을 열거한 이름들과 일치한다(창 46:8). 이것은 출애굽기와 창세기가 서로 다른 책이라기 보다 예언과 성취를 보여주는 연속적인 책임을 암시한다. 이같이 이스라엘의 족보를 통하여 출애굽기의 저자는, 모세의 부르심(the divine call of Moses)이 하나님의 창조 목적(God's creation purpose)과 이스라엘 자손을 통하여 모든 민족을 축복하시려는 아브라함 언약과의 신학적 연결이 있음을 드러내주고 있다(창 1:26-28; 12:1-3; 50:24; 참고: 19:5-6). 하나님께서 모세를 부르심은 그분이 이스라엘을 통하여 성취하시려는 왕국 계획(God's kingdom design)과 밀접하게 연관되었다.[91]

---

90 John I. Durham, *Exodus*, WBC, ed. David A. Hubbard and Glenn W. Barker, vol. 3 (Waco, TX: Word Books, 1987), 3.
91 Paul J. Kissling, *Reliable Characters in the Primary History: Profiles of Moses, Joshua, Elijah and Elisha*, JSOTSup, ed. David J. A. Clines and Phillip R. Davies, vol. 224 (Sheffield: Sheffield Academic Press, 1996), 16-17, 18-19.

모세의 과업은 선지자, 제사장, 국가 지도자의 책무를 모두 총괄하는 다양한 것이었다. 이같이 야웨는 그를 기적을 행하며 그분의 성령에 이끌림을 받아 예언하는 선지자로 기름 부으셨다(출 4:2-7; 민 11:17, 29; 참고: 11:24-25). 모세의 선지자 책무의 막중함(the prophetic gravity)은 하나님의 특별한 부르심과 둘 사이의 다른 사람이 누릴 수 없는 친밀함을 가진데 있었는데, 이런 면은 모세가 시내산에서 "얼굴을 맞대고(face to face)" 하나님을 만난 그의 독특한 경험을 체험한 것이 증거한다. 더욱이 그는 기적을 행하는 첫 선지자이었는데, 하나님께서 특별한 능력으로 그의 선지자 직책을 보증해주셨다. 이것은 특별히 친밀한 관계 속에서 하나님의 능력과 선지자의 능력을 동일시하는 명령과 순응의 모델(a command-and-compliance model)로 보다 정확하게 정의 될 수 있다.[92] 모세의 특별한 중재의 역할은 이 후의 선지자들을 평가하는 원형(prototype)을 제공한다(출 24:12-18, 25-31; 34:6-7; 참고: 신 18:15-20).

모세와 엘리야에 의해 행해진 기적들은 종종 문학적, 개념적, 신학적 공통점에서 연속성과 유사성(continuity and similarity)을 보여준다. 예를 들면 엘리야가 요단강을 가르고 건너는 기적은 홍해에서 있었던 기적과 유사하며, 이것은 모세-여호수아와 엘

---

[92] 명령과 순응의 모델(a command-and-compliance model)은 J. T. Walsh의 용어 "명령과 순응의 모형(a command-and-compliance pattern)"의 내용을 약간 수정하여 모세와 엘리야 같이 하나님과 그 종 사이에 매우 예외적이라고 할 수 있는 친밀한 관계를 의미한다. 앞에서 여러 번 설명을 하였으므로 여기서는 간단히 상기시킨다.

리야-엘리사 기적 내러티브를 시대적 간격을 넘어 신학적으로 연결을 하고 있다(왕하 2:14; 수 3:14-17; 참고: 왕하 2:8; 출 14; 수 3:1-4:24). 호렙산(시내산)에서 하나님과 직접 만나는 경험 같이 모세와 엘리야 사이의 많은 다른 공통점들은 그들의 연관된 선지자 이념(prophetism)을 증거한다(왕상 18:36; 19:11-13; 출 34:5-22). 이 둘은 모두 이스라엘의 언약적 대표자들이며, 하나님의 산에 서서 그분의 특별한 임재를 체험한 자들이다. 하지만 모세가 엘리야 보다 더 선지자적 우월성을 유지하는데, 이는 모세는 시내산에서 백성들을 위해 중보기도를 했는데 엘리야는 그런 역할을 하지 않았기 때문이다. 기도는 원래 "중재하다 또는 판단하다"라는 어근에서 와서 중보기도를 의미있게 만든다.[93]

신약의 기적 내러티브에서 명백한 것 같이 예수님도 모세와 엘리야의 선지자 전통을 따랐다는 것이다. 공생애를 시작하시기 직전에 예수님은 광야에서 "사십 일 사십 야(forty days and forty nights)"를 금식하며 기도하셨는데, 이것은 모세와 엘리야의 유사한 체험을 암시하고 있다(마 4:2; 출 24:18; 왕상 19:8; 참고: 24:18). 이 공통된 어구 "사십 일 사십 야(forty days and forty nights)"는 모세, 엘리야, 예수님의 상호 밀접한 관련성을 가리키는 매우 중요한 지침어이다. 이 세 선지자의 공통 경험은 매우 유사하여 누가 인위적으로 그렇게 편집하지 않았나하는 의심이 들 정도이다. 이것은 하나님이 주관하시는 구속사에서 그분의 원대

---
[93] *HALOT* 1776-8.

하면서도 구체적인 계획을 보인다. 이 세 영적 지도자들은 또한 각각의 시대적 상황에서 이스라엘의 야웨 유일신 신앙(Yahwism)이 도전받는 위기에서 그 해결점을 찾으려 했다는 공통점이 있다. 여기에 그 종합적인 정리가 도표로 표현된다.

[Table 5]

Parallels (공통점)	Moses on the Mount Sinai 시내산에서 모세	Elijah on the Mount Sinai 시내산에서 엘리야	Jesus in the wilderness 광야에서 예수님
세상과 구별된 금욕의 장소	인적이 없는 곳에서 금식 기도	인적이 없는 곳에서 금식 기도	인적이 없는 곳에서 금식 기도
중보자의 역할	그 당시 영적 상황에 대한 하나님의 새 지침을 간구함 언약 갱신 (또는 새 언약 제정): covenant renewal (or new covenant)	그 당시 영적 상황에 대한 하나님의 새 지침을 간구함 언약 갱신 (또는 새 언약 제정): covenant renewal (or new covenant)	그 당시 영적 상황에 대한 하나님의 새 지침을 간구함 언약 갱신 (또는 새 언약 제정): covenant renewal (or new covenant)
동일한 시간을 표현하는어구	"사십 일 사십 야" ("forty days and forty nights")		
참고 성경	출 34:1-7; 참고:출34:28; 24:18	왕상 19:8, 9-14, 15-18	마 3:13-17; 4:1- 11; 막 1:9-13

모세와 엘리야는 호렙산(시내산)을 방문하였고(출 34:2-4, 6-7; 왕상 19:8), 이 산은 예수님이 시험 받으시는 동안 머무셨던 광야와 유사한 금욕의 환경이었다(마 4:1; 막 1:11). 모세와 엘리야는 모두 하나님께 이스라엘 백성들을 위한 새로운 지침을 받기 위해 그 산에 올랐다. 마찬가지로 예수님은 침례를 받으신 후에 시

험을 받으시기 위해 광야에 가셨는데, 이것은 이어질 공생애를 준비하시기 위한 것이었다(막 1:9-13). 이들 외에 다른 사람들에게서는 결코 찾아볼 수 없는 공통된 경험은 이스라엘의 선지자 전통에 연결성(the linage)이 있음을 강조한다. 이스라엘의 선지자 전통 안에서 보이는 이들의 특별하고 구체적인 연결점(connection)은 앞으로 변화산에서 이 세 인물이 동시에 출현하는 것으로 좀 더 확증이 된다(마 17:1-8; 막 9:2-8; 눅 9:28). 예수님의 변화산이 어디 인지는 잘 밝혀지지 않았으나 "높은 산(a high mountain)"(마 17:1; 막 9:2)이라는 묘사는 시내산과 같이 다른 산과 구별된 특별한 장소라는 것을 암시한다. 변화산에 있었던 베드로는 나중에 그 산을 구별되게 "거룩한 산"이라고 부르며 그 때에 하나님께서 그리스도께 주신 영광스런 증거를 인상깊게 간직하고 있었음을 보여준다(벧후 1:17-18).

이스라엘 선지자 전통의 관점에서 모세는 선지자의 최고의 원형(the paragon prototype)이며, 반면에 예수님은 모든 선지자의 궁극적 성취라고 할 수 있는 선지자의 완성(*telos*)이시다(신 18:15-18; 마 5:17; 롬 10:4; 요 5:39, 46-47). 신약의 사복음서 저자들은 일제히 예수님을 모세와 동등한 권위를 가진 선지자로 묘사한다(마 10:3-9; 눅 9:30). 또한 그들은 예수님을 새로운 율법-수여자(a new law-giver)로서 모세 같이 위대한 선지자이며 광야에서 음식을 제공한 기적을 행하는 선지자로 묘사하고 있다(출

16:4-20; 요 6:1-71). 또한 이전에 잠시 거론된 것 같이, 예수님은 이스라엘 선지자 전통의 관점에서 엘리야 같은 선지자이다(참고: 마 11:14; 말 4:2). 하지만 예수님과 엘리야의 관계는 예수님과 모세의 관계 보다 덜 평가를 받았던 것처럼 보인다(참고: 눅 4:24-27). 모세와 예수님이 중보 기도와 율법-수여(law-giver)를 한 역할이 엘리야의 이야기에서는 발견되지 않는 것이 이것의 한 예가 된다(출 32:11-14; 요 17:1-53; 마 5:1-7:29). 하지만 엘리야는 예수님을 선지자의 완성자로서 직접 대변하기 보다는 이스라엘 선지자 전통에서 모세와 예수님을 연결하는 역할을 하는 것처럼 보인다. 어떤 의미에서 엘리야는 예수님의 길을 예비하던 침례 요한을 구약시대에 멀리서 미리 보여주고 있었다(마 17:10-12; 막 9:11-12). 엘리야는 구약의 침례 요한인 셈이다.

이스라엘 선지자 전통은 이같이 모세, 엘리야, 예수님의 상호 긴밀한 관계를 다양한 예로 확증해 준다. 성경의 기적 내러티브에서 엘리야와 엘리사 기적 내러티브의 중심적 위치(the centered locus)는, 마치 징검다리(a stepping stone)처럼 모세-여호수아와 예수님-사도들의 기적 시대를 서로 연결하는 가교 역할을 한다. 이런 역할을 통해서 하나님이 기적을 사용하시는 원대한 계획(God's overriding use of miracles)을 통해 하나님의 왕국 이념을 드러내주고 있다(말 4:5; 마 3:1-12, 16-17; 11:14; 눅 9:8).

엘리야와 엘리사의 기적들과 사역
(Elijah and Elisha's Miracles and Ministries)

엘리야와 엘리사의 기적과 사역의 어떤 것들은 예수님과 사도들의 것들과 선지자의 사역의 연결성이 있음을 보여준다. 죽은 아이를 살리고(resuscitation) 음식을 배가하는(multiplication of food) 각각의 기적들은 이것의 분명한 예들이다.

어린 아이를 살리는 기적은 모세와 여호수아 기적 내러티브에서는 발견되지 않는데, 대조적으로 엘리야와 엘리사의 것에서 처음 나타난다(왕상 17:19-21; 왕하 4:29-35). 사렙다 과부 아들이 갑작스럽게 죽었을 때에 엘리야는 하나님께 부르짖고 자신의 몸을 세번이나 그 위에 펴서 일치시키고, 결국 그 아이의 생명을 회복시켰다(왕상 17:21-22). 성경에서 죽은 아이를 살리는 첫 번째 기적이다. 엘리사가 수넴 여인의 아들을 다시 살려낸 것에서도 엘리야가 했던 것을 거의 판박이 하며 그들 둘 사이의 선지자직 계승을 보여준다(왕하 4:33-35). 이 두 기적은 엘리야와 엘리사 시대의 독특한 기적이다.

두 선지자의 이러한 공통된 독특한 기적은 구약의 역사에서 중요하며 또한 신약 역사에서도 의미가 깊다. 왜냐하면 예수님, 베드로, 바울이 유사한 기적들을 행하였기 때문이다(막 5:21-24, 35-

43; 행 9:36-42; 20; 8-12). 예수님은 야이로의 딸의 손을 잡고 "내가 네게 말하노니 소녀야 일어나라!"라고 말씀하심으로 그녀를 살려내셨다(막 5:41). 이것은 엘리야와 엘리사의 유사한 기적 이후로 죽은 아이를 다시 살리는 첫 기적이었다. 하지만, 예수님이 이 소녀를 살려내는 과정은 엘리야가 했던 것 보다 훨씬 간편했다. 소녀의 손을 잡고 단지 말씀으로만 하셨다. 이것은 예수님이 엘리야와 엘리사 보다 더 탁월하신 선지자직을 가지셨다는 것을 보여 준다(왕상 17:21-22; 눅 8:54-55). 베드로는 스승인 예수님의 방법을 거울에 반사하듯이 따라하여 도르가(Dorcas)를 손을 잡고 일으켜서 살려내었는데, 이것은 그가 예수님의 선지자적 계승자임을 확인해주는 기적이다. 바울도 전도 여행 중 드로아에서 젊은 청년 유두고(Eutychus)를 다시 살렸는데(행 9:40-41; 20:8-10, 12), 이것은 예수님-베드로의 기적과 공통점을 보인다(행 10:10; 막 5:40-42). 이 사건에 함축된 의미는 바울도 베드로에 필적하는 사도이며 예수님의 선지자직의 계승자라는 것을 암시한다. 신약의 기적들을 자세히 보면 베드로와 바울을 나란히 대비시키며, 두 사도 모두 주님을 계승한 동급의 제자들로 묘사하려고 한 흔적을 발견할 수 있다.[94] 이방인 선교를 처음 열어간 사도가 베드로라면, 실제로 이방인 선교를 확대하고 힘써 수행한 것은 바울이었다(행 1:8; 2:14-36; 10:24-48; 9:15).

위의 사실을 보면서 어떤 특별한 기적들은 이같이 구약과 신

---

[94] 이 논의를 위해서는 다음을 참조하라: Kim, *The Miracle Narratives of the Bible*, 264-65.

약의 기적 내러티브 사이에 일관성이 흐르는 관계(a coherent relationship)가 있어 이스라엘 선지자 전통에서 이들의 밀접한 연결성(connection)을 강조한다. 또한 이 세 기적 내러티브가 어떤 모양으로 서로 관련이 있는지를 하나님 나라의 점진적 계시의 관점에서 다음과 같이 정리해 볼 수 있다.

[Table 6]

	Moses/Joshua 모세/여호수아	Elijah/Elisha 엘리야/엘리사	Jesus/the Apostles 예수님/사도들
건너는 모티프	Red Sea/Jordan crossings 홍해와 요단강 도하	*Jordan crossings* *요단강 도하*	X
죽은 자 살리기 모티프	X	**죽은 자 살리기** ***(Resuscitations)***	죽은 자 살리기 (Resuscitations)
배가의 모티프	X	**음식의 배가** ***(Multiplication of food)***	음식의 배가 (Multiplication of food)
변화산에서 만남	모세, 엘리야, 예수님 (세 기적시대의 대표 선지자들)		

*(위의 [X] 표시는 그러한 기적의 모티프가 없는 것을 가리킨다. 볼드체와 이탤릭체는 세 기적 시대 중 엘리야-엘리사 시대 기적의 중심성을 강조하기 위함이다.)

엘리야와 엘리사 기적 내러티브는 "건넘의 모티프"로 모세와 여호수아 내러티브와 자신들의 것이 연관됨을 보이고, 또한 "죽은 자 살리기"와 "음식의 배가"의 모티프로 예수님과 사도들의 내러티브와 연결됨을 보인다. 결과적으로 서로 밀접해 보이지 않는 두 내러티브를 연결하는 중간 다리 역할을 한다. 위의 도표 6에서 보는 바와 같이 엘리야-엘리사 내러티브가 제공하는 중간의 연결(the connecting interlude)이 없으면 모세-여호수아와 예수님-사도들 내러티브 사이의 연결은 너무 느슨하여 구약과 신약을 관통하여 흐르는 하나님의 역사 개입의 일관성(the coherence of God's intervention)이 분명히 밝혀지지 않았을지도 모른다.

엘리야와 엘리사 관계의 예는 더 나아가 침례 요한과 예수님의 관계, 그리고 예수님과 사도들의 관계를 유추해보는 매우 중요한 실마리를 제공한다. 침례 요한의 독특한 옷 스타일은 엘리야의 복장을 연상하게 하는데, 특히 "털(hair)" 또는 "털 옷(hair clothes)"과 "가죽 띠(the leather belt)"라는 단어가 공통적이다(왕하 1:8; 마 3:4; 참고: 막 1:6). 누가복음에 따르면 주의 사자가 요한이 "엘리야의 심정과 능력"으로 와서, 백성들의 마음을 주께로 돌이키게 준비하는 사역을 한다고 하였다(눅 1:17). 이렇듯 엘리야와 엘리사의 관계는 침례 요한과 예수님 사이(between John the Baptist and Jesus)와 예수님과 제자들 사이(Jesus and the Apostles)의 관계를 멀리서 예시한다. 이것은 서로 중복되는 이중적 관계가 있으므로 세심한 관찰이 필요하다.

[Illustration 1]

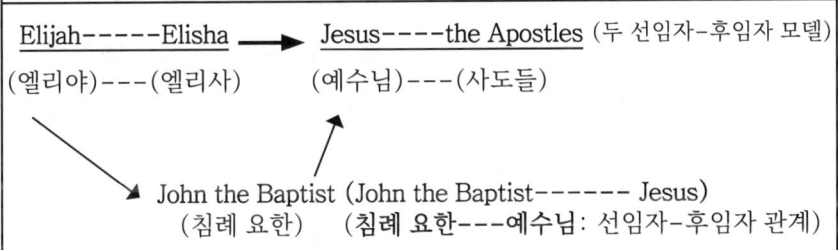

이 도표를 잘 살펴보면 엘리야와 엘리사가 모세와 여호수아 보다, 메시야로서 예수님의 시대와 사역에 대하여 좀 더 가까이서 훨씬 뚜렷한 빛을 비추어 주고 있다. 엘리야와 엘리사가 각각 이스라엘 분열왕조 시대 동안에, 한 새로운 기적의 시대를 시작하고 또 후속하여 그 시대를 마무리한 선지자(an initiator and completer respectively)들이라는 연관된 관계를 보여준다. 동시에 예수님과 사도들이 그 모델을 따라서 동일한 상관 관계를 가지고 있다는 사실을 잘 제시해주고 있다. 즉 예수님과 사도들의 관계는 엘리야와 엘리사의 관계가 예시하는 것처럼 예수님이 신약의 기적시대를 새로 시작한 선지자(an initiator)이고 사도들이 그 기적 시대를 마무리한 후계자들(the completers)이다. 다만 예수님의 기적 시대는 후계자가 한 사람이 아니라 다수라는 특징이 있다. 후계자로서

제자를 많이 갖는 다는 것은 이스라엘 선지자 전통에서 하나의 큰 발전이다. 하나님의 왕국 계획 안에서, 위의 도표에서 보는 것처럼 엘리야는 침례 요한을 통해서 예수님을 예비하는 역할을 하며(예수님이 그를 엘리야라고 하셨다), 반면에 엘리사는 앞서서 그가 행한 선지자의 사역(기적)의 내용의 유사성을 통하여 예수님을 엘리야 보다 더 직접적으로 예시한다. 즉, 예수님은 이스라엘 선지자 전통에서 자신 보다 약 800년 전에 선지자로 사역했던 엘리사의 선지자 전통과 밀접한 관계를 갖는 셈이다. 이 두 선지자들 기적 사이에는 다른 선지자들 것보다 더 친화력(affinity)이 있다.

위 선지자들에 상호 관계에 관련하여, C. R. Swindoll이 여호수아-엘리사-예수님의 연관성을 언급한 것은 흥미롭다:

> 모세가 여호수아의 길을 예비한 것 같이 침례 요한은 예수님의 길을 예비하였고, 마찬가지로 엘리야는 엘리사의 길을 예비하였다. 여호수아, 엘리사, 예수님의 이름이 유사한 뜻을 가졌다는 것은 의미심장하다: "여호수아"("여호와는 구원이시다" 또는 "여호와는 구원하신다")——"엘리사"("하나님은 구원이시다" 또는 "하나님은 구원하신다")——"예수"("여호와는 구원하신다"). 예수님의 사역은 엘리사의 삶에 의해 흥미있는 방법으로 미리 예시되었다 ("foreshadowed").[95]

---

95 Charles R. Swindoll, *Elijah: A Man of Heroism and Humility* (Anaheim, CA: Insight For Living, 2001), 62.

이스라엘 선지자 전통 안에서, **엘리야-엘리사**의 관계와 **예수님-사도들**의 관계를 예시하는 것은 위와 같이 이중적 구조를 가지고 있어 이 구조를 이해하려면 좀 더 설명이 필요할 것 같다. 먼저 이 두 선지자 그룹의 관계는 다음과 같이 모형적 평행이 있다:

<u>**엘리야-엘리사의 관계**</u> (한 기적 시대를 시작하는 자와 마무리한 동역의 관계)
↕   ↕
<u>**예수님-사도들의 관계**</u> (한 기적 시대를 시작하는 자와 마무리한 동역의 관계)

이 관계는 두 가지 면을 살펴보아야 한다. 선지자 전통의 모형에서 엘리야-엘리사의 팀 사역이 예수님-제자들 팀 사역을 예시한다. 사역의 모형 관계에서 예수님-사도들 선지자 그룹 모형이 엘리야-엘리사 그룹 모형을 따르고 있다. 이 각각의 그룹 구조 안에서 스승과 제자의 관계가 있다. 그리고 결과적으로 스승이 사역의 여건의 토대를 닦아 두면 그 후임자는 그 혜택(유산)을 이어받아 좀 더 다양하고 원활한 사역을 한다. 그래서 스승 선지자가 제자 선지자의 길을 예비하는 역할을 하는 셈이다. 이런 관점에서, 예수님이 다락방 대화에서 "…나를 믿는 자는 내가 하는 일을 그도 할 것이요 또한 그보다 큰 것도 하리니 …"(요 14:12)라고 제자들에게 기도응답을 약속하신 것은 주목할 만하다. 이런 관계를 다음에서 살펴 볼 수 있다.

엘리야와 엘리사 사이의 관계에서 엘리사가 엘리야의 영(Elijah's spirit)을 "갑절(a double portion)"로 요구한 것은 성취가 되었다: "당신의 성령이 하시는 역사가 갑절이나 내게 있게 하소서"(왕하 2:9). 이것은 엘리사가 사역 중 행한 기적이 숫적인 면에서 엘리야 보다 거의 두 배를 행하였다. 이를 볼 때 결과적으로 스승 엘리야가 제자 엘리사의 사역을 예비해 준 셈이 되었다. 실제로 엘리사는 자기 스승인 선임자 엘리야 보다 양적으로는 훨씬 더 많이 또한 분위기 적으로는 더 평화로운 사역을 할 수 있었다.

위의 두 선지자의 관계는 독자들에게 장차 있을 침례 요한과 예수님의 관계를 언뜻 보게(a glimpse) 한다. 마가는 엘리야가 아합 당시에 처했던 정치적 위협 상황과 침례 요한이 헤롯의 치하에서 당했던 정치적 박해 상황이 유사하다는 것을 강조하는 것처럼 보인다(막 6:14-16). 공교롭게도 두 경우 모두 왕궁에 있는 여인(이세벨과 헤로디아)이 주인공이 되어 선지자를 죽이려고 위협하는 환경이었다. 또한 이 두 여인의 남편이며 왕인 아합과 헤롯은 그일에 수동적인 역할을 하는 것도 흥미롭다. 엘리야가 왕들과 적대 관계 속에서 사역했다면 엘리사는 그들과 좀 더 우호적인 관계에서 사역할 수 있었던 것이 선임자의 덕택이라고 할 수 있는 것이다. 마찬 가지로 마가는 침례 요한(엘리야)이 예수님(엘리사)의 사역을 더 평평하게 예비한 것을 강조하고 있다. 즉 예수님은 메시야로서 좀 더 특별한 관계로 엘리야-엘리사, 그리고 자신의 제자들과 연관을 갖는다.

예수님은 침례 요한이 먼저 길을 예비한 배경에서 공생애를 시작하셨다. 그래서 이것을 도표로 나타내면, 침례 요한 ⟶ 예수님 ('침례 요한-예수님')의 관계가 된다. 그리고 예수님 자신은 '예수님-사도들'의 선지자 그룹의 관계를 가지고 있다. 그러므로 예수님은 '침례 요한-예수님-사도들'의 선지자들 사역/승계 연관성을 갖는다. 이 복합적 관계를 둘로 나누어 설명하면 다음과 같다:

엘리야-엘리사 관계 (한 기적 시대를 예비한 자와 이어받은 동역의 관계)

↕   ↕

침례요한-예수님 (한 구원 시대를 예비한 자와 이어받은 동역의 관계)

이 두 관계의 모형을 한 단계 더 진전시켜보면 엘리야는 침례 요한을 예표하고, 엘리사는 예수님을 예표한다. 이런 관점에서 엘리사와 예수님은 선지자적 전통에서 그동안 잘 주목받지 않았던 중요한 상호관계가 있음을 보게 된다. 이런 관점에서 엘리사는 그의 기적 사역을 통해 예수님의 사역과 유사한 면을 많이 보이므로 예수님의 선지자 사역 및 전통과 연관됨을 예시해주고 있다. 즉 엘리야(침례 요한의 원모형)가 엘리사(예수님의 원모형)의 길을 예비하였다면, 이 모형 관계에 따라서 예수님은 '새 엘리사'라는 구도가 형성된다. 엘리사는 그의 앞선 사역 속에서 메시야가 앞으로 행할 유사한 선행 기적사역을 함으로 그가 메시야의 길을 구약시대에 멀리서 예비하였다는 특이한 면을 보인다. 다음의 이어지는 사실들이 이것을 좀 더 자세히 설명 해준다.

엘리사는 그의 인격과 사역이 메시야를 예시하는 이상적 선지자(an ideal prophet)로 특별하고 주목할만하게 묘사되었다. 기적 내러티브에 의하면 그는 모세, 여호수아, 엘리야가 했던 것 같은 심각한 실수를 하지 않았다. 이것은 그가 메시야의 인격을 예표할 것을 보여준다. 엘리사가 기름의 배가(multiplication of oil) 기적을 행한 것은 양적인 면에서 엘리야에 의해서 사르밧 과부 집에서 행해진 비슷한 기적 보다 훨씬 더 풍성한 이미지를 연출하고 있다(왕하 4:3-6; 왕상 17:15-16). 어떤 면에서 후계자 엘리사 기적이 스승 엘리야의 기적보다 더 우월성을 보여주는 비교는 아마도 장차 엘리사 선지자직을 계승하는 메시야가 가져올 더 풍성한 축복들을 암시할 수 있다. N. Levin은 이같이 말한다: "천사가 엘리야를 먹였다면, 엘리사는 백성들을 먹였다(Angels feed Elijah; Elisha feed the people)"(왕상 19:5-7, 21; 왕하 4:42-44; 참고: 6:22-23; 7:1, 16).[96] 한 가지 구체적인 예로 예수님이 나인성에서 장례를 치르던 과부의 아들을 살리신 것은, 엘리사가 수넴 여인

---

[96] Nachman Levin, "Twice as Much of Your Spirit: Pattern, Parallel and Parnomasia in the Miracles of Elijah and Elisha," *JSOT* 85 (September 1999): 27-53.

의 아들을 살린 것과 평행을 이룬다. 수넴과 나인은 모두 매우 가까운 이웃 동네로 이스라엘 계곡 가까이에 있는 모레 언덕(Hill of Moreh) 부근에 있다. 그래서 이 지역적 가까움의 연고는 이 두 사건이 동일하게 생명을 되살리는 기적으로, 엘리사와 예수님의 연결성을 암시해주고 있다.

예수님은 이상적인 선지자인 엘리사의 선지적 전통을 이어받아 새 엘리사(a new Elisha)로 오셔서, 침례 요한(엘리야)이 그를 위해 길을 예비한 사역을 계속 잘 감당하여 백성들에게 큰 축복을 끼치게 하셨다. 마치 요한이 가까이서(from a nearby time) 예수님의 길을 예비하였던 것과 동일하게, 성경신학적(a biblical theology) 관점에서 보면 엘리야는 멀리서(from a faraway) 예수님의 길을 예비하였다. 이것이 엘리야-엘리사 그리고 침례 요한과 예수님-사도들의 이중적 관계를 이해하는데 좋은 도움을 준다.

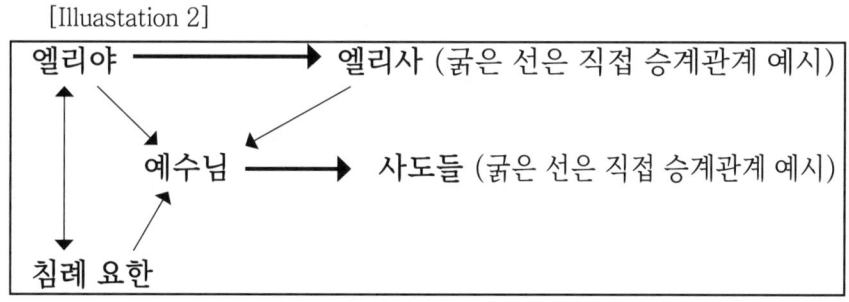

엘리야는 한 시대의 선지자 그룹, 엘리야-엘리사 모형으로 예수님-사도들 그룹을 예시하는 관점에서, 한 기적시대를 시작하는 자로서 예수님을 예표한다. 한편 침례 요한은 엘리야의 선지자 역할을 이어 받아 메시야이신 예수님의 선지자 사역의 길을 예비한다. 그래서 침례 요한은 예수님을 예비하고, 침례 요한의 원형인 엘리야도 예수님의 선지자 사역을 예비하고 있으며, 엘리사는 엘리야(침례 요한)와 엘리사 선지자 그룹의 모형에서 메시야 예수님과 선지자적 위치가 같음을 보이며, 실제 기적 사역의 성격 면에서도 그가 예수님의 선지자 사역을 모형적으로 예비하고 있었음을 보여준다. 그래서 예수님은 새 엘리사로 불릴 수 있는 선지자 전통을 이어받게 된다. 이 사실이 새로 주목할 이스라엘 선지자 전통의 계승을 알려주는 역할을 한다.

이 사실을 확증하듯이 엘리사가 한 기적에 대하여 신약에서는 오직 예수님만이 시리아 나아만 장군 치유 이야기(눅 4:27)를 상기시키고, 도단 성에서 엘리사와 그의 사환이 본 하늘 군대(많은 "불말과 불병거"/"열 두 영")에 대한 암시를 하신다(마 26:53; 왕하 6:17). 또한 제자로 부름받을 때 "쟁기를 잡고 뒤를 돌아보는 자"는 "하나님 나라에 합당하지 아니하니라"고 교훈하실 때 엘리사가 스승 엘리야에 의하여 선택 받을 때의 순종을 모델로 말씀하신 것 같다. 예수님을 따르기로 주저하는 두 사람은 모두 핑계로 부모의 장례 또는 가족과의 작별 문제를 언급하였는데, 엘리사도 부모와 입

맞춤으로 작별하겠다고 언급하지만 적극적으로 부르심을 따르려고 하면서 그렇게 했기 때문이다(눅 9:57-62; 왕상 19:19-21). 문맥에서 이것은 제자도의 모델로 분명히 엘리사를 연결시키고 있다. 부름받음과 관계된 엘리사의 제자도는 오늘날 우리가 주님께 부름받을 때 본받아야 할 훌륭한 모범이다(눅 9:23).

엘리야와 엘리사가 후 세대에게 준 강력한 영향
(Elijah and Elisha's Impact on Later Generations)

엘리야의 승천과 엘리사의 뼈 사건은 후세대에게 영향을 끼치는 상징적 모티브를 제공한다. 한편으로 엘리야가 하늘로 승천한 것은 여러 선지자 승계 사건의 한 부분이며 또한 엘리사에게는 스승의 승천으로 인한 상실감을 남긴다(왕하 2:10-11). 다른 한편, 죽음을 대신하는 승천 사건은 세상에서 이생을 넘어서는 다른 희망을 주는 역할을 한다. 엘리사의 뼈에 닿은 시체가 살아난 사건은 부활의 모티프(a motif of resurrection)를 제시해 주는데, 이것이 시사하는 것이 개인의 부활이건 한 국가의 부활이건 그 메세지는 의미가 있다(왕하 13:21; 겔 37:11-14).

기적이 집중적으로(the clustered miracles) 일어난 기간들은 하나님께서 백성들에게 집중적으로 계시를 하는 시기로, 각각

이스라엘 역사에 패러다임을 바꾸는(paradigm shift) 결정적 변화를 가져왔다. 또한 이 기간들은 하나님의 전체적인 왕국 이념(God's comprehensive kingdom ideal) 안에서 원래 계획(His original design)의 일부를 보여주시는 새로운 방향 전환(a shift of direction)을 극적으로 드러내는 그분의 강력하신 계시를 증거하였다. 예를 들면 자신의 승천에 의해서 엘리야는 그가 이스라엘의 위기의 시기에 다시 돌아온다는, 종말론적 희망을 지속적으로 주는 영원한 존재가 되었다(말 4:5-6; 마 17:10; 막 6:15). 더욱이 엘리야의 승천은 신약에서 예수님의 부활, 승천, 재림을 예시하는 구약의 중요한 페러다임이다. 이같이 이 사건은 믿는 자에게 부활과 예수님의 재림의 희망을 동시에 주는 이중적 기능을 한다(계 22:20). 엘리사의 뼈 사건은 예수님의 생명을 부여하는 힘(life-giving power)에 대한 암묵적 예시를 하면서, 정경적인 중요성을 제공할 수 있는 부활의 모티프를 포함한다. D. Bostok은 요한은 예수님을 "새 엘리사"로 소개하며 그같이 그분이 "자신의 마지막이며 가장 결정적 기적"으로 나사로를 무덤에서 생명으로 돌아오게 한 것을 시사한다(요 11:25-26).[97]

모세는 미래 세대들의 마음에 남는 중요한 패라다임을 보이는 기적들을 행하였다(출 14; 15:14-16; 17:1-7). 그러나 정작 그 자신은 엘리야 보다 더 중요한 종말론적 인물로는 기억되지는 않는다.

---

[97] D. Gerald Bostok, "Jesus and the New Elisha," *ExpTim* 92 (November 1980): 39-41; Thomas L. Brodie, "Jesus and the New Elisha: Cracking the Code," *ExpTim* 93 (November 1981). Sirach 48:13-14 도 참고하라.

예를 들면 예수님의 공생애 초기에 그의 정체성에 관한 질문에 대하여, 사람들은 엘리야와 예레미야 이름을 언급하지만 모세는 포함하지 않는다(마 16:13-14; 막 6:14-15; 눅 9:7-8). 모세와 여호수아의 사역은 엘리야와 엘리사가 보여주는 것과 같은 하나님의 생명을 부여 해주는 능력(a divine life-giving power)을 개인적 차원으로 보여주지는 않는다(참고: 민 17:8). 이같이 엘리야와 엘리사의 사역은 모세와 여호수아가 하는 것 보다 예수님과 사도들의 사역과 훨씬 더 친화력(closer affinity)이 있다는 것을 보여준다. 특별히 엘리야의 승천은 예수님의 부활, 승천, 재림을 근접하게 예시하는(foreshadows) 하나의 결정적인 구약의 패러다임을 제공하고 있다.

엘리야와 엘리사 기적의 특징들
(The Characteristics of Elijah and Elisha's Miracles)

엘리야와 엘리사 기적들의 특징들은 하나님의 왕국 이념(God's kingdom ideal)의 점진적 발전의 관점에서 다시 살펴보아야 한다. 왜 성경에서 세 기적 내러티브의 정중앙에 위치하여 있으며, 어떤 중요성을 엘리야와 엘리사 내러티브가 가지고 있는가 또 어떤 의미를 제공하는가? 그들의 기적의 특징들은 예수님과 사도들의 기적들의 특징들과 비교할 때, 하나님 왕국의 축복들(God's kingdom blessings)을 점진적으로 나타내 보이는데 실질적 역할을 할 것이다.

정경적 관점에서 모세와 여호수아는 큰 무리와 회중을 위한 기적을 행한 반면에(출 7:1-2; 14:21-31; 민 21:6-9), 개인들을 위한 기적은 거의 행하지 않았다. 하지만 엘리야와 엘리사는 개인들과 관련된 많은 기적들을 행하였다(왕상 17:8-24; 18:1-14; 왕하 4:1-7, 15-37; 5:1-19). 반면에 큰 무리나 회중을 위한 기적들은 상대적으로 적다(왕상 18:36-39; 왕하 2:19-22; 6:17-20). 앞에서 설명한 비교의 예를 지적하기 위하여 살펴보면, 모세는 그의 간절한 중보기도를 통하여 그의 모든 회중들을 죽음의 위협에서 생명으로 보전되게 하였다(출 15:22-25). 반면에 엘리야는 한 과부의 아들(개인)을 그의 중보기도를 통하여 죽음에서 생명을 얻게 하였다(왕하 17:17-23).

신약의 기적 내러티브들은 엘리야와 엘리사의 것들보다 훨씬 더 많은 개인 또는 작은 무리를 위한 기적들을 포함한다(마 8:2-3, 28-34; 10:8; 막 1:40-42; 눅 5:12-13). 예수님의 회복하고 돌보시는 사역은 구약에 예언된 것 같이 하나님 왕국 이념(God's kingdom ideal)의 발전을 증거한다(사 11:1-9; 35:5; 렘 23:5-8; 겔 34:23). J. B. Corl이 엘리사의 엘리야를 후속하는 사역을 설명하는 것 같이, 예수님은 하나님 왕국 이념의 전체 구조(the framework of God's kingdom ideal) 안에서 왕국 축복이 개인들에게 좀 더 가까이 오게 하셨다: "회개하라 천국이 가까이 왔느니라"(마 4:17). 그에 의하면 이스라엘이 야웨와 맺은 언약 관계의 전체 구조(frame) 안에서, 엘리야는 백성들이 언약의 저주(unideal) 아래 있을 동안에 한 개혁가(a reformer)로서 사역을 했었고, 반면에 엘리사는 백성들이 좀 더 이상적인 언약 상태(blessing)에 이르렀을 때 선지자 직무를 시작했다.[98]

큰 무리(회중) 중심(congregation-orientation)에서 개인 중심(individual-orientation) 또는 이 둘을 포함(both)하는 방향으로 이 선지자들의 사역 방향이 전환된 것은 "온 우주(all things)", "국가(the nations)", "개인(individuals)"을 (점차로) 섬세하게 다스리시는 하나님의 왕국 통치의 점진적 실현(the progressive realization)을 반영할 수 있다.[99] 이러한 왕국 발전 과정에서 엘리야와 엘리사의 기적 내러티브들은 모세-여호수아와 예수님-사도들의 기적 내러티브들을 중간에서 서로 든든하게 연결시켜 주는 귀중한 다리(the bridge to link) 역할을 한다. 만일 그렇지 않았더라면 그 두 기적 내러티브들은 연관성은 매우 엷어서 중요한 성경 신학적 연결점들을 잘 발견해내지 못했을런지도 모른다.

---

[98] J. Banks Corl, "Elijah and Elisha within the Argument of Kings" (Th.M. thesis, Dallas Theological Seminary, 1987), 52.
[99] Eugene H. Merrill, *Everlasting Dominion*, 129; 또한 다음을 참조하라: Iain W. Provan, *1 & 2 Kings* (Peabody, MA: Hendrickson Publishers, 1995), 233-34.

병자를 치료하고 귀신을 쫓아내는(exorcism) 예수님의 기적들은 신약의 기적 내러티브들에서 두드러지게 많이 나타나는데, 이는 하나님의 나라(왕국)가 가까이 왔다는 것을 증거한다. 구약시대에는 없던(적어도 정경기록에는) 귀신축사(exorcism)가 예수님의 기적들에서 놀랄 만큼 증가한 사실은 신약시대에 마귀가 이끄는 악의 세력(evil power)이 훨씬 더 활발하게 역사하고 있다는 것을 가리킨다(참고: 마 4:1-2; 막 1:12-13; 눅 4:1-2a, 13; 엡 2:20-22). 구약시대에는 사울이 악신이 들렸다는 이야기가 잠시 나오고 다윗의 수금 연주가 이를 완화시켜 주었다는 기록이 유일하다(삼하 16:14-18, 23). 이같이 귀신 축사는 신약 기적 내러티브에서 소개하는 새로운 요소(a new element)이다(마 8:28-34; 막 1:23-26; 5:1-15; 눅 4:3-35; 8:27-35; 행 16:18; 19:12). 특별히 마가복음과 누가복음은 동일하게 예수님이 안식일에 가버나움 회당에서 그분이 행하신 것을 그분의 첫 기적으로 묘사하며, 그분이 더러운 귀신(an unclean spirit) 축사를 하신 것을 기록한다(막 1:21-27; 눅 4:33-35, 36-37). 이 첫 기적으로 말미암아 회당 안에 있던 사람들은 예수님의 사역을 "권위 있는 새 교훈"으로 인식하는 계기가 되었다(막 1:27). 귀신 축사와 달리 병을 고치는(sickness-healing) 기적은 엘리야와 엘리사의 기적 내러티브들이 포함하고 있는 바와 같이, 구약과 신약에 모두 나오며 이 두 선지자의 내러티브들은 예수님와 사도들의 내러티브와 모세와 여호수아 내러티브 중간에서 연결하는 역할을 하고 있다.

다음의 도표는 회중, 개인, 질병 치료, 귀신축사와 연관된 기적들에 관련하여 하나님 나라 이념의 점진적 발전(the progression of God's kingdom ideal)을 설명한다.

[Table 7]

	Moses/Joshua 모세/여호수아	Elijah/Elisha 엘리야/엘리사	Jesus/the Apostles 예수님/사도들
Miracles for larger people (회중)	***	*	*
Miracles for individuals (개인)	*	**	***
Miracles of sickness-healing (치유)	*	**	***
Exorcism (축사)	X	X	***

*(여기서 별표[*]는 기적이 일어난 횟수를, X표는 그런 기적의 부재를 가리킨다.)

이 도표를 보면 처음 세 가지 기적들은 서로 공유하는데 기적이 일어난 횟수의 차이가 있다. 그리고 둘째와 셋째 기적들은 엘리야와 엘리사 기적들이 중간 정도의 횟수를 보여, 전반적으로는 모세-여호수아 기적 내러티브보다 예수님-사도들의 기적 내러티브에 더 가깝다는 것(an affinity)을 암시할 수 있다. 귀신축사(exorcism)는 적어도 모세-여호수아나 엘리야-엘리사 내러티브에는 나타나지 않는 예수님-사도들 내러티브의 새로운 요소이다. 엘리야와 엘리사 기적 내러티브의 특징은 질병치료 기적과 개인을 위한 기적들을 포함하고 있으며, 하나님 나라/왕국 축복(God's kingdom blessings)의 점진적 증강(argumentation)과 다른 두 기적 내러티브를 연결하는 기능을 나타내 보인다. 예수님은 하나님 나라/왕국의 통치가 더 까가이 왔음(the nearness of God's kingdom)을 알리는 귀신 축사를 처음 시작하셨다(참고: 마 4:23-25). 마가복음은 구속자(the Redeemer)인 예수님이 마귀를 패배시키고, 하나님 나라를 좀 더 가까이 오게 하셨다는 것을 특히 강조한다(1:13, 15; 참고: 창 3).

마무리 (Wrapping-up)

성경의 세 기적 내러티브 사이에 놀라울 만큼 공통점들이 있는 것은 그들의 상호적 밀접한 관계에 대하여 관심을 불러일으키고, 다른 내러티브들과 완전히 구별되게 한다. 이 셋 사이의 밀접한 연결은 성경신학적 관점에서 엘리야와 엘리사 기적 내러티브들의 위치의 중요성(the significance of the locus)을 가늠해보도록 돕는다. 요약하면 엘리야와 엘리사 기적 내러티브들의 그룹적 실체(the corpus)는 다른 두 기적 내러티브 사이의 중간에 위치하며 구약에서 신약으로 발전해가는 하나님 나라 축복의 점진적 증강(the progressive augmentation)을 드러내 보인다.

정경적 관점에서 보면(From canonical approach), 엘리야와 엘리사 내러티브들은 다른 두 기적 내러티브들 사이의 징검다리(a stepping stone) 역할을 한다. 엘리야와 엘리사 내러티브들의 성경신학에 기여하는 것(the contribution of the corpus to a biblical theology)은 그들이 모세-여호수아와 예수님-사도들 기적 내러티브들 사이의 연결점을 제공하고, 구약에서 신약으로 일관되게 흐르는 하나님 왕국의 이상(God's kingdom ideal), 그분의 일관된 목적의 점진적 실현(the progressive realization)을 드러내 주는 것이다. 하나님께서 바로 이 세 기적 내러티브들의 궁극적인 저자이시다. 따라서 성경신학의 관점에서 성경에 있는 이 세 내러티브들은 하나의 일관되고, 응집력이 있고, 전체를 아우르는 이야기(a unified, cohesive, comprehensive story)를 형성한다. 이것을 통해 일관성 있게 맥이 흐르는 선지자의 전통과 오래 전부터 선지자들을 통하여 메시야와 그의 시대를 하나님이 예비하고 계셨음을 보게 된다. 엘리야와 엘리사 기적 내러티브는 신구약을 관통하여 흐르는 성경신학 관점에서 이 사실을 명확하게 확인해준다.

"여호와의 계획은 영원히 서고
그의 생각은 대대에 이르리로다" (시 33:11).
"주의 나라는 영원한 나라이니
주의 통치는 대대에 이르리이다"(시 145:13).

제 9 장

결 론
(Conclusion)

제 9 장
결 론(Conclusion)

　엘리야와 엘리사는 이스라엘 분열왕조 시대에 북이스라엘에서 활동한 야웨의 선지자들이다(874-795 BC). 하나님께서 엘리야를 선택하여 부르심은 아합이 시돈의 왕 에토바알의 딸 이세벨 공주와 정략적 결혼을 하므로 체계가 잘 잡힌 이방 바알종교가, 북이스라엘에 갑자기 침투해 들어와 백성들 중에서 야웨 유일신 신앙(Yahwism)을 심각하게 위협했기 때문이었다. 이스라엘에서 선지자의 사역은 일반적으로 시내산 언약관계로 원상복귀 시키려는 개혁적 성격을 갖는다. 갈멜산 전투에서 보듯이 엘리야는 이스라엘의 회복과 부흥을 위한 뜨거운 열정을 품은 선지자였다. 그리고 그의 이런 선지자적 영성과 기적은 선민의 정체성을 잃어가던 북이스라엘에 영적 횃불을 다시 환하게 지펴주는 역할을 하였다.

　이스라엘과 하나님과의 언약적 관계는 그들이 출애굽 후에 시내산에서 맺은 언약에 근거한다(출 19:4-6). 북이스라엘의 오므리와 그 아들 아합은 이 언약관계(covenant relationship)를 배신하고 우상숭배와 혼합종교로 심하게 기울었기 때문에, 하나님께서는 선지자 엘리야를 통한 이 상황의 반전(개혁)을 원하셨다. 엘리야가 선언한 가뭄은 가나안 사람들이 믿었던 비와 폭풍과 풍요의 신인, 바알에게 정면 도전하여 누가 참 신인지를 깨닫게 하는 첫 단계 조치였다. 갈멜산 대결은 이같이 상황에서 결정적 영적전투의 현장이었고 야웨의 승리로 끝났다. 그 결과로 백성들의 극적인 신앙고백이 함께한 언약갱신(covenant renewal)이 이루어졌다: "여호와 그는 하나님이시로다 여호와 그는 하나님이시로다"(왕상 18:39). 이어서 내린 비는 그 오랜 가뭄을 해소하였고, 이 치유하는 기적은 혼합종교로 기울던 백성들에게 하나님의 주권적 통치와 자비하심을 알려주었다.

한편으로 엘리야는 갈멜산 전투 승리 후에 그가 바라던 아합 왕과 백성들의 극적인 신앙적 변화가 오지 않고, 오히려 이세벨의 살해 위협을 받자 허탈감에 빠지고 사역지를 이탈하여 시내산으로 향하였다. 일종의 영적 패배였다. 하지만 엘리야는 이런 과정을 몸소 겪으며 하나님께서 그를 얼마나 세밀하게 돌보고 계시는가를 더 깨닫고 영적으로 더 성숙하는 삶을 체험하였다. 영적 지도자에게 실패와 성찰은 성숙의 과정이다.

하나님께서는 지치고 방황하는 선지자를 돌보셔서 초자연적으로 음식을 공급하시고, 결국은 시내산에서 그를 자기계시, 즉 신현현 가운데 직접 만나주셨다. 엘리야가 시내산에 간 것은 북이스라엘의 배교 가운데서도 야웨와 이스라엘 백성들 사이에 세운 시내산 언약이, 아직도 유효한가를 직접 확인하고 싶어서였을 것이다. 그를 만나주신 하나님은 바람과 지진과 불 가운데서가 아니라, 오히려 세미한 음성(small voice)으로 계시를 전달하셨다. 이 사건은 고도의 상징성을 내포하며, 선지자에게 전달하는 계시 방법의 대전환(paradigm shift)을 가져왔다. 이제 그는 기적과 같이 외면적으로 장관을 이루는 사건들을 통해서 보다는, 내면의 음성(말씀)으로 계시하기를 원하셨다고 할 수 있다. 이 사건을 계기로 선지자의 능력과 권위를 수립했던 초기의 선지자(primitive prophets) 단계에서, 성경을 기록하는 고전적 선지자(classical prophets) 단계로 선지자적 발전이 있었다고 볼 수 있다. 그만큼 엘리야는 이스라엘 선지자 전통에서 기념비적 변화를 가져온 존재이다. 하나님께서 기적이 집중적으로 일어난 시기에 선지자 엘리야를 통해 이런 변화를 가져오신것은 성경신학적 관점에서 그 중요성을 한 번 음미해 볼 필요가 있다.

한편으로, 엘리야가 호렙산에서 하나님의 세밀한 음성을 듣는 특별한 경험이 상징하는 것은 오늘날에도 의미가 깊다. 최근의 기독교계는 오순절 운동으로 대변되는 기적, 치유, 은사 등과 이미 계시된 말씀탐구를 중시하는 사경회 운동이 서로 대비되고 있다. 엘리야의 독특한 경험은 이 두 영성의 상호관계를 조화롭게 이해할 수 있는 단초를 제공한다고 할 수 있다. 이 두 영성은 서로 갈등을 일으키기 보다 오히려 상호 보완적일 수 있다. 이런 면에서 엘리야와 엘리사의 영성을 연구하는 것은 의미가 있을 것이다. 구약의 모세와 신약의 바울 같은 선지자는 이 두 가지 영성을 조화롭게 갖춘 모델이다. 다른 한편으로, 이들은 하나님과 친밀한 교제를 누리며 각자의 시대적 사명을 감당하기 위해 뜨겁게 기도하는 사람들이었다. 하나님께서 중요한 시기에 사용하시는 영적 지도자는 엘리야와 엘리사 같이(또는 모세와 바울 같이) 현실을 예리하게 주시하며 잘못된 길을 가려는 하나님의 백성들을 그분께로 돌이키기 위해 부르짖어 기도하고 말씀에 철저히 순종하는 사람인 것을 명심할 필요가 있다.

하나님은 시내산에서 엘리야에게 바알종교를 북이스라엘에서 근절하는 사명을 계속하게 하기 위해 아람 왕이 될 하사엘과 아합 왕조를 멸절하고 그를 대체할 예후에게 기름붓고, 후계자로 엘리사를 선택하라고 지침을 주셨다. 엘리사는 하나님께서 엘리야에게 주신 사역을 완수하도록 선택받은 후계자였다. 엘리야는 이스라엘의 영적 위기의 시기에 새로운 선지자 사역을 시작한 사람(initiator)이고, 엘리사는 그 사역을 마무리한 완성자(completer)이다. 엘리야와 엘리사는 독특하게 한 팀을 이루는 새로운 기적시대의 선지자 전통을 시작하게 되었다. 하지만 이러한 선지자 팀 구도를 이루는 것은 이미 모세와 여호수아의 선례가 있었다. 이스라엘 선지자 전통의 많은 면에서 엘리야와 엘리사는 모세와 여호수아의 선지자직을 승계한 후계자들이었다.

이렇게 성경의 기적 내러티브들에 나타난 이스라엘 선지자 전통을 알고 나면, 이들 사이에 매우 유사한 경험들이 놀라울 정도로 평행하고 있다는 것을 발견하게 된다. 모세-여호수아 기적 이야기와 엘리야-엘리사 기적 이야기에서, (홍해/요단강) 건넘의 모티프, 광야에서 물을 내는 모티프, 또 쓴물을 치유하는 모티프, 음식을 기적적으로 예비하심 등이 그 예들이다. 그러나 각각의 기적 시대에 서로 공유하지 않는 고유한 것들이 여전히 남아 있다. 결론적으로 보면 모세는 선지자의 원조이고 엘리야는 그 후계자이다. 엘리야는 모세의 선지자 전통 요소들을 공유하지만 또한 자기 자신만의 독특성을 나름대로 발전시켜 간다. 예를 들면 엘리야와 엘리사의 선지자 사역에서 죽은 아이를 다시살리는 모티프는, 모세와 여호수아 사역에는 없는 요소이다. 엘리야의 승천이나 엘리야의 뼈의 사건도 그러하다. 그리고 모세와 여호수아는 복합적 성격의 선지자(선지자, 제사장, 행정적 리더) 역할을 한 반면에, 엘리야와 엘리사는 비교적 전문적으로 선지자직(professional prophethood)을 수행하였다. 시대와 사회적 환경 변화에 따라 그것을 대처하는 선지자의 역할도 변화와 발전이 있다는것을 보여준다.

다른 한편으로 엘리야와 엘리사는 예수님과 사도들의 선지자직에 어떤 선지적 유산을 전달한다. 그리고 많은 요소들을 공유한다.

이런 면에서 예수님과 사도들은 엘리야와 엘리사의 선지자직을 계승한 선지자 팀이다. 예를 들면 죽은 아이를 다시 살리는 모티프와 엘리사의 음식을 배가하는 기적이 좋은 예들이다. 예수님의 오병이어 사건은 모형적으로는 모세의 만나 사건과 평행하며, 그 기적을 행하는 방법 면에서는 적은 음식으로 많은 사람들을 먹이며 음식을 배가한 엘리사와 평행한다. 이렇게 엘리야와 엘리사의 기적 내러티브들은 예수님과 사도들의 기적 내러티브들과 밀접히 연결된다. 결국 엘리야와 엘리사 내러티브는 모세와 여호수아 내러티브들과 연결성이 있으며, 동시에 예수님과 사도들의 내러티브들과 밀접한 연관을 갖는다.

신구약을 한 성경으로 보는 정경적 관점에서, 엘리야와 엘리사 기적 내러티브들은 중간에 위치하여, 모세와 여호수아 내러티브들과 예수님과 사도들의 내러티브들을 함께 신학적으로 연결해주는 결정적 역할을 한다. 그래서 이스라엘 선지자의 전통과 메시야 사역 준비의 굵은 맥이 큰 강의 물줄기 같이 일관되게 흐르게 한다. 이것이 엘리야와 엘리사 내러티브들이 성경신학에 고유하게 공헌하는 의미 깊은 역할이다. 그리고 이 세 기적 내러티브가 하나님의 원대하신 왕국 계획의 일부였다는 사실은, 예수님이 변화하신 산에서 모세, 엘리야가 함께 나타나 예수님의 구속사역을 의논한 사건 속에서 정점을 이룬다. 결국 예수님의 십자가 구속은 이 모든 선지자들이 목표로 했던 결승점이었다.

위의 세 기적 내러티브들을 정리해보면, 각 기적 내러티브들은 각자가 독특한 독립적 요소를 갖으면서도 다른 내러티브들과 많은 점을 공유한다는 점에서, 하나님 나라의 관점에서 신구약 성경 전체에 흐르는 맥과 점진적 발전을 발견할 수 있다. 그리고 모세가 선지자의 원형이고 예수님이 그 완성자라는 관점에서, 시대적으로 예수님 앞에서 기적을 행하는 선지자들은 멀리서 또한 가까이서 메시야의 오심과 사역을 예비한 셈이다. 각각의 선지자들은 자기 시대의 문제를 나름대로 해결하는 역할을 감당하고, 하나님의 원대하신 왕국 계획 안에서 각자의 독특한 사역으로, 하나님의 나라가 점점 더 가까이 임하게 하는데 중요한 기여를 하였다. 특히 엘리야와 엘리사는 하나님 나라의 완성자인 메시야와 그의 사역을, 이중적인 구도(엘리야 —> Jesus <— 엘리사) 속에서 또 좀 더 가까이에서 보다 선명하게 보여준다. 또한 메시야를 예비하는 구약의 마지막을 선지자 엘리야의 귀환과 사역의 기대로 마무리하는 것도 의미가 깊다(말 4:5-6). 그리고 이에 화답하여 신약의 첫 복음서를 기록한 마태는, 메시야의 탄생 이야기 직후에 바로 침례 요한이 그의 길을 예비하여 하나님의 나라를 선포하는 것으로 시작한다(마 3:1-12). 이 때 침례 요한의 의복과 이미지는 엘리야를 직접 떠올리게 한다(마 3:4).

요한계시록에 의하면 하나님이 인간역사에 직접 개입하실 네 번째 기적의 시대가 예시되어 있다(계 11:3-13). 기적의 시대는 하나님의 직접적인 개입이 예상되는 급격한 변화의 시기가 될 것이다. 이것은 머지 않은 미래에 우리가 지금 예상하기 어려운 영적 위기, 정신적 위기, 인간관계의 타락, 환란과 가중된 사회적 혼란이 올 것이라는 것을 의미한다(딤후 3:1-5).[100] 갈수록 물이 없어 기갈이 아니라 말씀이 없는 영적 기갈을 겪을 것이다(암 8:11; 시 74:9). 이 시대를 예상하며 사는 우리는 엘리사가 승천하기 직전의 엘리야에게 "갑절의 영감(double portion of spirit)"을 간구했던 열망과 절박감으로 시대적 사명을 감당하기 위한 성령충만과 능력을 간구해야 할 것이다: "당신의 성령이 하시는 역사가 갑절이나 내게 있게 하소서"(왕하 2:9). 또한 우리는 이 시대에 뜨거운 영성과 함께 영적 분별력을 위해 기도해야 한다. 말세에는 많은 "거짓 그리스도들과 거짓 선지자들"이 일어나 "큰 표적과 기사를" 보여서 심지어 택하신 자들도 미혹하기 때문이다(마 24:24).

성도는 엘리야처럼 "영적인 밤의 아주 짙은 어둠을 가르는 빛나는 섬광" 역할을 해야 할 사명이 있다. 이렇게 주님을 섬기려고 할 때 여기서 언급한 선지자들 모두가 보여준 성경의 기적들은, 의심 없이 오늘날 모든 성도들이 그들이 각각 직면한 현실 속에서 하나님과 우리 주 예수 그리스도와 그분의 능력을 온전히 신뢰할 수 있

---

[100] Gene A. Getz 목사님 부부는 남미 구아테말라를 방문하던 중 충격적인 것을 보았다. 마을에서 조금 떨어진 산간에 "Witch doctor's Cave"라고 불리는 건물에서 어떤 무리들이 악령에게 기도하며 또한 같은 장소에서 동시에 십자가의 그리스도를 경배하는 장면을 목격했다고 한다. 이분들은 이같이 기독교와 이방종교가 혼합하여 하나의 새로운 종교(a new religion)를 형성한 것을 보고 소스라치게 놀랐다고 한다. 이것을 위해 다음을 참조하라: Gene A. Getz, *Elijah: Remaining Steadfast through Uncertainty* (Nashville, TN: Broadman & Homan Publishers, 1995), 3-4.

도록, 마음 속에 깊은 동기부여를 해준다.

> *"...의인의 간구는 역사함이 큼이니라 엘리야는 우리와 성정이 같은 사람이로되..." (약 5:16-17).*

참고 문헌 (Bibliography)

Books (책)

Albright, William Foxwell. *From the Stone Age to Christianity: Monotheism and the Historical Process.* Baltimore, MD: Johns Hopkins Press, 1957.

Alter, Robert. *The Art of Biblical Narrative.* New York: Basic Books, 1981.

Bar-Efrat, Shimon. *Narrative Art in the Bible.* Translated by Dorothea Shefer-Vanson. Journal for the Study of the Old Testament: Supplement Series, ed. David J. A. Clines and Philip R. Davies, vol. 70. Sheffield: Sheffield Academic Press, 1989.

Bergen, Wesley J. *Elisha and the End of Prophetism.* Journal for the Study of the Old Testament: Supplement Series, ed. David J. A. Clines and Philip R. Davies, vol. 286. Sheffield: Sheffield Academic Press, 1989.

Brodie, Thomas L. *The Crucial Bridge: The Elijah-Elisha Narrative as an Interpretative Synthesis of Genesis-Kings and a Literary Model for the Gospel.* Collegeville, MN: Liturgical Press, 2000.

Bronner, Leah. *The Stories of Elijah and Elisha as Polemics against Baal Worship.* Pretoria Oriental Series, ed. A. Van Selms, vol 6. Leiden: E. J. Brill, 1968.

Brueggemann, Walter. *1 & 2 Kings.* Smyth & Helwys Bible Commentary, ed. Mark K. McEloy, vol 8. Macon, GA: Smyth & Helwys Publishing, 2000.

Childs, Brevard S. *The Book of Exodus:* A Critical Theological Commentary. Old Testament Library, ed. Peter Ackroyd et al. Louisville, KY: Westminster Press, 1974.

Coats, George W. *Rebellion in the Wilderness: The Murmuring Motif in the Wilderness Traditions of the Old Testament.* New York: Abingdon Press, 1968.

Cohn, Robert L. *2 Kings.* Berit Olam: Studies in Hebrew Narrative & Poetry, ed David W. Cotter. Collegeville, MN: Liturgical Press, 2000.

Cook, Stephen L. *The Social Roots of Biblical Yahwism.* Studies in Biblical

Literature, vol 8. Atlanta, GA: Society of Biblical Literature, 2004.
Currid, John D. *A Study Commentary on Exodus: Chapters 1−18*, vol 1. Auburn, MA: Evangelical Press, 2000.
Currid, John D. *A Study Commentary on Exodus: Chapters 19−40*, vol 2. Auburn, MA: Evangelical Press, 2000.
De Vries, Simon J. *1 Kings*. Word Biblical Commentary, ed. David A. Hubbard and Glenn W. Barker, vol 12. Waco, TX: Word Books, 1985.
Sharon, Diane M. *Patterns of Destiny: Narrative Structures of Foundation and Doom in the Hebrew Bible.* Winona Lake, IN: Eisenbrauns, 2002.
Dillard, Raymond B. *Faith in the Face of Apostasy: The Gospel according to Elijah & Elisha.* Phillipsburg, NJ: P&R Publishing, 1993.
Dorsey, David A. *The Literary Structure of the Old Testament: A Commentary on Genesis−Malachi.* Grand Rapids: Baker Book House, 1999.
Dumbrell, William J. *Creation and Covenant: A Theology of Old Testament Covenants.* Nashville, TN: Thomas Nelson, 1984.
Eichrodt, Walther. *Theology of the Old Testament.* Translated by J. A. Barker. 2 vols. Old Testament Library, ed. Peter Ackroyd et al. Philadelphia: Westminster Press, 1961−1967.
Fishbane, Michael. *Biblical Interpretation of Ancient Israel.* Oxford: Clarendon Press, 1985.
Getz, Gene A. *Elijah: Remaining Steadfast through Uncertainty.* Nashville, TN: Broadman & Holman Publishers, 1995.
Haslam, Greg. *Elisha: A Sign & A Wonder.* Colorado Springs, CO: Chariot Vicotr Publishing, 1995.
Hens-Piazza, Gina. *1−2 Kings.* Abingdon Old Testament Commentaries, ed. Patrick D. Miller. Nashville, TN: Abingdon Press, 2006.
Hobbs, T. R. *2 Kings*, Word Biblical Commentary, ed. David A. Hubbard and Glenn W. Barker, vol 13. Waco, TX: Word Books, 1985.
House, Paul R. *1, 2 Kings: An Exegetical and Theological Exposition of Holy Scripture.* New American Commentary, ed. E. Ray Clendenen, vol 8. [Nashvill, TN]: Broadman and Holman Publishers, 1995.
Im, Take-Kwon, ed. *A Testament of Miracles in the Josen Jesus Church (Josen Yesugyohoe Ijeok Myeongjeung).* Translated by Deberniere J. Torrey. Korean Christian Classics Series, ed. Jae-Hyun Kim,

vol 2. Seoul: The KIATS Press, 2008.
Kim, Deuk-Joong. *The Miracle Stories in the Gospels*. Seoul, Korea: Concordia Press, 1996.
Kim, Sang Jin. *The Miracle Narratives of the Bible: The Literary and Theological Significance*. Saarbrucken, Deutschland: VDM Verlag Dr. Muller Aktiengesellschaft & Co, 2010.
Kim, Sang Jin. *The Literary and the Theological Functions of NT Miracle Narratives: The Miracle Narratives Associated with Jesus and the Apostles in Light of Their Counterparts in the Old Testament*. Saarbrucken, Deutschland: VDM Verlag Dr. Muller Aktiengesellschaft & Co, 2010.
Kim, Sang Jin. *The Literary and the Theological Functions of OT Miracle Narratives*. Saarbrucken, Deutschland: VDM Verlag Dr. Muller Aktiengesellschaft & Co, 2009.
Kissling, Paul J. *Reliable Characters in the Primary History: Profiles of Moses, Joshua, Elijah and Elisha*. Journal for the Study of the Old Testament: Supplement Series, ed. David J. A. Clines and Philip R. Davies, vol. 224. Sheffield: Sheffield Academic Press, 1996.
Krummacher, F. W. *Elisha: A Prophets for Our Times*. Grand Rapids: Kregel Publications, 1993.
Lindblom, J. *Prophecy in Ancient Israel*. Philadelphia: Fortress Press, 1962.
Long, V. Philips. *The Art of Biblical History*. Foundation of Contemporary Interpretation, ed. Mois s Silva, vol 5. Grand Rapids: Zondervan Publishing House, 1994.
Merrill, Eugene H. *Everlasting dominion: A Theology of the Old Testament*. Nashville, TN: Broadman and Holman Publishers, 2006.
Patterson, R. D., and Hermann J. Austel. *1 & 2 Kings*. Expositor's Bible Commentary, ed. Frank E. Gaebelein, vol 4. Grand Rapids: Zondervan Publisher House, 1988.
Petersen, David L. *Prophecy in Israel: Search for an Identity*. Issues in Religion and Theology, ed. Douglass Knight and Robert Morgan, vol. 10. Philadelphia: Fortress Press, 1987.
Provan, Iain W. *1 and 2 Kings*. Peabody, MA: Hendrickson Publishers, 1995.
Rad, Gerhard Von. *The Message of the Prophets*. New York: Harper & Row Publishers, 1995.

Reid, Stephen Breck. *Prophets and Paradigms: Essays in Honor of Gene Tucker*. Journal for the Study of the Old Testament: Supplement Series, ed. David J. A. Clines and Philip R. Davies, vol. 160. Sheffield: Sheffield Academic Press, 1993.

Rof, Alexander. *The Prophetical Stories: The Narratives about the Prophets in the Hebrew Bible: Their Literary Types and History*. Jerusalem: Magnes Press, 1988.

Ryken, Leland. *Words of Delights: A Literary Introduction to the Bible*. 2d ed. Grand Rapids: Baker Book House, 1992.

Schniedewind, William M. *The Word of God in Translation from Prophet to Exegete in the Second Temple Period*. Journal for the Study of the Old Testament: Supplement Series, ed. David J. A. Clines and Philip R. Davies, vol. 197. Sheffield: Sheffield Academic Press, 1995.

Swindoll, Charles R. *Elijah: A Man of Heroism and Humility* (Anaheim, CA: Insight for Living), 2001.

Terrien, Samuel. *The Elusive Presence: Toward a New Biblical Theology*. Religious Perspective, ed. Mircea Eliade et al. vol. 26. New York: Harper & Row Publishers, 1978.

Walsh, Jerome T. *1 Kings*. Berit Olam: Studies in Hebrew Narrative & Poetry, ed. David W. Cotter. Collegeville, MN: Liturgical Press, 1996.

Wolff, Hans Walter. *Confrontations with Prophets: Discovering Old Testament's New and Contemporary Significance*. Philadelphia: Fortress Press, 1983.

Zakovitch, Yair. *The Concept of the Miracle in the Bible*. Tel-Aviv: Mod Books, 1990.

Book Sections (편집된 책 속의 글)

Austel, Hermann J. "The United Monarchy: Archaeological and Literary Issues." In *Giving the Sense: Understanding and Using Old Testament Historical Texts*, ed. David M. Howard Jr. and Michael A. Grisanti, 160-78. Grand Rapids: Kregel Publications, 2003.

Bergen, Wesley J. "The Prophetic Alternative: Elisha and the Israelite Monarchy." In *Elijah and Elisha in Socioliterary Perspective*, ed.

Robert B. Coote. Society of Biblical Literature, ed. Edward L. Greenstein, 127-37. Atlanta, GA: Scholars Press, 1992.
Sanders, James A. "Hermeneutics in True and False Prophecy." *In Canon and Authority: Essays in Old Testament Religion and Theology*, ed. George W. Coats and Bruke O. Long, 21-41. Philadelphia: Fortress Press, 1977.

Edited Books (편집된 책)

Coote, Robert B., ed. Elijah and Elisha in *Socioliterary Perspective*, Society of Biblical Literature Semeia Studies, ed. Edward L. Greenstein. Atlanta, GA: Scholars Press, 1992.
Pritchard, James B., ed. *The Ancient Near East in Pictures Relating to the Old Testament*, 2d ed. Princeton, NJ: Princeton University Press, 1969.

Journal Articles (정기 간행물)

Allen, Ronald B. "Elijah the Broken Prophet." *Journal of the Evangelical Theological Society* 22 (September 1979): 193-202.
Barr, James. "Story and History in Biblical Theology." *Journal of Religion* 56 (1976): 1-17.
Brodie, Thomas L. "Jesus and the New Elisha: Cracking the Code." *Expository Times* 93 (November 1981): 39-42.
Carroll, R. P. "The Elijah-Elisha Sagas: Some Remarks on Prophetic Succession in Ancient Israel." *Vetus Testamentum* 19 (October 1969): 401-15.
Chishlom, Robert, Jr. "The Polemic against Baalism in Israel's Early History and Literature." *Bibliotheca sacra* 151 (July-September 1994): 267-83.
Bostock, D. Gerald. "Jesus and the New Elisha." *Expository Times* 92 (November 1980), 39-41.
Fishbane, Michael. "Revelation and Tradition: Aspects of Inner-Biblical Exegesis." *Journal of Biblical Literature* 99 (September 1980): 343-61.
Levine, Nachman. "Twice as Much of Your Spirit: Pattern, Parallel and

Paronomasia in the Miracles of Elijah and Elisha." *Journal for the Study of the Old Testament* 85 (September 1999): 25-46.

Simon, Uriel. "1 Kings 13: A Prophetic Sign—Denial and Persistence." *Hebrew Union College Annual* 47 (1976): 81-117.

Theses and Dissertations (논문)

Booth, John Louis. "The Purpose of Miracles." Th.D. diss., Dallas Theological Seminary, 1965.

Chang, Yue-Ming Joseph. "A Rhetorical Analysis of the Elijah-Elisha Stories within the Deuteronomistic History." Ph.D. diss., Dallas Theological Seminary, 2000.

Kim, Sang Jin, "The Liteary and the Theological Functions of the Miracle Narratives Associated with Moses/Joshua and Elijah/Elisha." Ph.D. diss., Dallas Theological Seminary, 2008.

Mead, James K. "'Elijah Will Kill'? The Deuteronomistic Rhetoric of Life and Death in the Theology of the Elisha Narratives." Ph.D. diss., Princeton Theological Seminary, 1999.

Power, Terry Lyle. "An Analysis of the Dimensions of the Three Great Periods of Miracles." Th.M. thesis, Temple Baptist Theological Seminary, 1985.

Yaf, Felipe Carlos. "The Case of Naboth's Vineyard (1Kings 21): An Historical, Sociological and Literary Study." Ph.D. diss., Jewish Theological Seminary of America, 1990.